HEYNE ‹

Jaques Buval

Der Todesbote

Die wahre Geschichte des Serienmörders Anatolij Onoprienko

WILHELM HEYNE VERLAG
MÜNCHEN

HEYNE SACHBUCH
19/896

Umwelthinweis:
Dieses Buch wurde auf
chlor- und säurefreiem Papier gedruckt.

Originalausgabe 12/2003

Der Wilhelm Heyne Verlag ist ein Verlag der
Ullstein Heyne List GmH & Co. KG
http://www.heyne.de
Printed in Germany 2003
Redaktion: Dr. Thomas Rosky
Umschlagillustration: Image Bank Bildagentur GmbH,
München/Dennis Novak
Umschlaggestaltung: X-Design, München
Satz: ew print & medien service g.m.b.h., Würzburg
Druck und Bindung: Ebner & Spiegel, Ulm

ISBN 3-453-87440-4

Inhalt

Der größte Serienmörder in der Geschichte der Ukraine

„Diesem Tier darf nicht geholfen werden“, dafür plädiert der Staatspräsident der Ukraine Leonid Kutschma, obwohl das Land seit 1998 als Mitglied des Europarates die Vollstreckungen der Todesstrafe ausgesetzt hat. Der Staatspräsident fordert die Hinrichtung für Anatolij Onoprienko, den größten Serienmörder seines Landes.

In knapp drei Jahren, so die Ermittlungen der Polizei und der Staatsanwaltschaft, ermordete Anatolij Onoprienko in der Ukraine 52 Menschen: Männer, Frauen, Greise und Kinder. Er tötete sie mit Messern, Pistolen, Schaufeln, Hämmern und einem abgesägten Schrotgewehr. Ohne erkennbaren Anlass und ohne erkennbares Motiv.

52 Morde hat man ihm nachgewiesen. Jeden Einzelnen hat er bis in die grausamsten Details vor der Polizei rekonstruiert und gestanden. Entschuldigungen oder gar Reue kennt er nicht. Zunächst behauptet er, religiöse, geheime magische Kräfte hätten ihn zu diesen Taten getrieben. Dann war es der internationale Geheimdienst, der ihm befahl, die Morde zu begehen.

Kurz vor seiner Verurteilung gesteht er seinem Psychiater die angeblich ganze Wahrheit: „Ich habe mich im Universum mit Adolf Hitler getroffen. Er befahl mir, den Dritten Weltkrieg zu beginnen. Leider konnte ich seinen Auftrag nicht erfüllen. Denn er verlangte von mir, an jedem Tag im Jahr einen Menschen zu töten.

365 Tote im Jahr. Das habe ich leider nicht geschafft ..." Unter anderem auf diese Aussage stützt sich das psychologische Gutachten, das ihn für voll zurechnungsfähig hält.

In einem Interview sagt er: „Ich habe mich wie ein Mediziner auf höchster Ebene gefühlt. Wie ein Arzt, der einen Menschen aufschlitzt, eine Schlange im Bauch entdeckt und dann damit beginnt, diese Schlange zu untersuchen. Ich habe mich nicht als einfacher Mörder gefühlt, sondern als Arzt. Ich war gleichzeitig Psychiater, Anästhesist und Chirurg. Ich war auch ein Forscher. Und wenn man das aus dieser Sicht betrachtet, bin ich einmalig auf der Erde. Ich verfüge über Erfahrungen, die kein Mensch auf dieser Erde bisher gemacht hat. Ich weiß ganz genau, wie sich ein Opfer in Todesangst und während des Tötens verhält. Und ich weiß genau, was ich selbst dabei empfinde. Das sind unglaubliche Erkenntnisse."

Der Globetrotter des Todes reist durch halb Europa. Er stellt Asylanträge, doch niemand will ihn. Er beginnt zu stehlen. Untergebracht wird er in den verschiedensten Flüchtlingslagern, aus denen er flüchtet oder wieder in seine Heimat abgeschoben wird. Schließlich bringt man ihn in der berüchtigten Pavlov-Klinik unter, einer Anstalt zur „Wahrung der psychischen Gesundheit".

Nach seiner Entlassung aus der Klinik wird er zum „Schlächter der Ukraine". Er zieht durch das Land, stets auf der Suche nach Opfern. Er muss seinen Drang zu töten auf die grauenhafteste Weise befriedigen. Scheinbar wahllos tötet er auch einen Säugling von drei Monaten. Onoprienkos blutige Spur führt durch das ganze Land. Eine Landkarte, die die Tatorte aufzeigt, lässt ein religiöses Mordmuster vermuten: eine Verbindung der

Tatorte zeigt ein Kreuz. Reporter sind überzeugt, diese Bluttaten sind im „Zeichen des blutigen Kreuzes" geschehen.

In einem Interview während seiner Haft beschreibt Onoprienko eine seiner Taten: „Wie viele Stunden ich bei den Toten verbrachte, war ohne Bedeutung. Ich brauchte diese Zeit zu meiner persönlichen psychologischen Selbstverarbeitung. Jedes einzelne Verbrechen habe ich genauestens analysiert ... Einmal habe ich fünf Menschen in ihrem Auto umgebracht. Nach dem Mord setzte ich mich zu den Toten in das Auto und fuhr mit ihnen die ganze Nacht durch die Gegend ... Ich weiß jetzt sehr genau, wie sich ein Opfer vor und während der Tat verhält ..."

In einem Gitterkäfig im Gerichtssaal von Zhitomir verfolgt der Angeklagte die Ausführungen des Gerichtes. Ohne Gefühlsregung berichtet er von seinen Taten, was viele der Zuhörer, meist Angehörige der Opfer, in Weinkrämpfe ausbrechen lässt. Unzählige Male muss die Verhandlung unterbrochen werden. Offensichtlich macht es ihm Spaß, darüber zu berichten, auf eine wie grauenvolle Weise er seine Opfer tötete.

Seit seiner Verhaftung – und auch im Gerichtssaal – trägt er eine Wollmütze. Als man ihn fragt, warum er diese Mütze trägt, antwortet er: „Weil ich mich selbst zum Henker ernannt habe, um den Menschen zu helfen und sie zu lehren. Auch bin ich zum Henker meiner eigenen Seele geworden. Dies ist das Fürchterlichste, was es gibt, wenn man seine eigene Seele hinrichten muss. Meine Morde waren eine Impfung. Ich hatte die Erlaubnis einer höheren Macht, zu entscheiden, ob die Menschen weiterleben dürfen oder nicht ..."

Wenn der Horror Wirklichkeit wird

Menschen – fern all unserer Vorstellungen der brütenden Atmosphäre von Gewalt und Perversion, sie leben mit uns, unter uns, in unserer Gesellschaft.

Wir fürchten uns vor dem Klima des Bösen, und doch werden unsere Fantasien geschürt von den täglichen Berichten von Gewalt und Mord in den Massenmedien. Die Verrohung der Menschen hat zugenommen, sagen viele Psychologen. Vor allem, seit diese schrecklichen Szenen Leinwände und unzählige Bücherseiten füllen. Die Menschen haben sich förmlich angesteckt an den Bildern und Berichten, die uns täglich suggeriert werden.

Doch wir lieben sie, die monströsen Taten und Szenen der modernen Psychopathen, die Maskenbildner in Spielfilmen zur Perfektion treiben. Wir lieben die Denksportaufgaben, wer wohl der Täter, der Böse ist in der Luxusvilla mit Pool.

Um möglichst nah an den Betrachter der Bilder zu kommen, klärt man ihn auf, wie gefährlich seine scheinbar häusliche Idylle geworden ist. Alle verfolgen diesen Trend, das Massenblatt wie das seriöse Magazin.

Doch wenn der Mensch erfahren muss, dass die Realität in seiner Nähe Einzug gehalten hat und die ungeglättete Wirklichkeit zutage tritt, überfällt ihn wahre Angst und Schrecken. Er betrachtet immer wieder die Bilder des Grauens und wünscht sich, sie stammten aus einem der vielen Hollywood-Filme.

Wie hypnotisiert nimmt man zur Kenntnis, dass ein Mensch eine Blutspur durch ein ganzes Land gezogen hat. Das Grauen der Berichterstattung nimmt kein Ende. Gefesselt mit Hand- und Fußschellen wird uns der Täter präsentiert.

Der Killer ohne Gnade wird zum Bewohner der Wirklichkeit. Seine Wahrheiten, die er preisgibt, zeigen den dunkelsten Abgrund auf, in dem er sich befand. Als schauderhafte Realität präsentiert er seine Lust am Töten. Seine Umgebung ist geschockt. Keiner will wahrhaben, dass der liebenswerte, hilfsbereite und nette Nachbar von nebenan der Killer der Nation sein soll.

Und dann wird plötzlich klar, das etwas geschehen ist, was niemals rückgängig gemacht werden kann. Niemand will ihn kennen. Wer kennt ihn jetzt noch als den Menschen, der nur wenige Häuser neben dem eigenen gewohnt hat?

Kein Mensch vermochte in seine zerschlissene Seele zu blicken. Nur so ist es möglich, dass sich der liebenswerte Nachbar plötzlich in ein Ungeheuer verwandeln kann, in einen Menschen, der im Dunkeln wahllos tötet.

Ihnen ist völlig egal, wen sie mit ihrem Tun treffen. Sie schlachten Frauen, Männer und Kinder. Ihre Familien wirken intakt, doch ihre Taten sprechen eine andere Sprache. Ihre Kaltschnäuzigkeit und ihre Brutalität sind nicht zu übertreffen. Ihr Wahn ist durch nichts zu überbieten. Immer wieder muss man feststellen, dass sie sich in dem Anblick der zu Tode gequälten Opfer förmlich suhlen. Sie genießen die Schreie der Angst und des Schmerzes.

Man sucht nach Gründen, die diese Menschen zu diesen Taten getrieben haben könnten, doch man findet keine. Man zieht die berühmtesten Psychiater zurate, lässt diese Menschenschlächter monatelang untersuchen.

„Er hat niemals in seiner Kindheit Liebe empfangen. Natürlich ist er daher auch nicht im Stande, Liebe zu geben. Er war nicht fähig, zwischenmenschliche Beziehungen aufzubauen. Oft musste er Schläge erdulden, er wurde erniedrigt und gedemütigt." So ähnlich beginnen die meisten Gutachten über Serientäter. Es ist abzusehen, dass psychiatrische Gutachter zu der Erkenntnis gelangen: „Nie konnte das Kind einen Fernurlaub genießen. Aus diesem Grunde hatte der Heranwachsende auch keine Chance für sein zukünftiges Leben." Ist uns der Bezug zur Realität verloren gegangen? Können Gutachter bei solchen Serienmördern nicht mehr die Realität erkennen? Ihr Suchen nach dem Warum beginnt und endet meist in der Jugend dieser Täter. In größter Selbstverständlichkeit versucht man, das Böse in diesen Menschen zu entlasten. Natürlich trifft es häufig zu, dass sie in ihrer Kindheit aus der Gesellschaft ausgeschlossen waren und nie Liebe empfangen haben, denn meist waren ihre Familien nicht intakt und hätten therapeutischer Hilfe bedurft. Doch kann man damit ihre Taten erklären?

Mit Entsetzen nehmen wir die Artikel der Tageszeitungen zur Kenntnis und sind froh darüber, dass diese geschilderten Schicksale nicht uns selbst oder unsere Lieben betreffen. Man trauert mit und ist doch innerlich beruhigt, in der Überschrift dieser Schreckensnachrichten nicht den Namen der eigenen Stadt zu lesen.

Man liest die Namen eines anderen Landes und ist innerlich erleichtert, dass es nicht im eigenen Land geschehen ist. Vor allem bei Überschriften wie:

„Anatolij Onoprienko, der schlimmste Massenmörder unserer Geschichte?"

„Ich habe getötet wie ein Roboter, brüstet er sich."

„52 Morde! Diesem Tier darf man nicht vergeben!"

„Das blutige Kreuz: Serienmörder Onoprienko und sein religiöses Mordmuster"

„Der Killer des 20. Jahrhunderts'

All diese Schlagzeilen sind nur einem einzigen Mann gewidmet: dem 1959 in Laski im Distrikt Zhitomirskaya Oblast in der Ukraine geborenen und bei seiner Verhaftung 40-jährigen Anatolij Onoprienko.

Auf der ganzen Welt sieht man die schrecklichen Bilder, die an den einzelnen Tatorten in der Ukraine aufgenommen wurden. Aufnahmen von unzähligen Opfern: zu Tode gequälte Frauen, Männer und Kinder.

Das ukrainische Fernsehen berichtet immer wieder über neue Gräueltaten, die sich mittlerweile über das ganze Land erstreckten.

In den Wintermonaten entdeckt die Polizei Leichen in den Straßengräben der Landstraße. Der Schnee schimmert blutrot.

Das Fernsehen zeigt die Leichen ganzer Familien vor ihren Häusern. Abgebrannte Häuser sind zu sehen mit zum Teil verkohlten Leichen. Die Menschen sehen eine Frau, dessen Leib mit einem Spaten durchtrennt wurde. Eingeweide quellen hervor, der Rest des Körpers ist mit unzähligen Messerstichen übersät. Man kann den Todeskampf eines gefundenen Kindes erahnen. Die Hände, die Leid und Schmerz abwehren wollten, sind durch Schnitte zerfleischt, das kindliche Gesicht ist durch die Gewalteinwirkung nicht mehr zu erkennen.

Ein Junge ist abgebildet, dem man mit einem Gewehr eine Gesichtshälfte weggeschossen hat. Das Blut und das Gehirn des Kindes klebt an der Tapete des Zimmers.

Ein ganzes Land steht unter Schock. Niemand in diesem Lande will begreifen, wie ein einziger Mensch zu solchen Taten fähig sein kann. Längst geht die Polizei davon aus, dass es sich nur um einen geisteskranken Serientäter handeln kann. Stets die gleichen Tatwaffen und Tatabläufe lassen nur auf einen Einzeltäter schließen.

Frauen lassen ihre Kinder nicht mehr unbeaufsichtigt auf ihren Grundstücken spielen. Auch sie selbst ziehen es vor, ihr Haus bei Einbruch der Dunkelheit nicht mehr zu verlassen.

Immer wieder stellt sich die Polizei die Frage: „Gehört der Täter zur Kategorie der psychopathischen Sadisten oder gehört er zu den Mördern, die ihre perversen Fantasien anhand solcher bizarren Bluttaten befriedigen?“

Die unschuldigen Opfer dieses Menschen werden in zahlreichen offenen Särgen aufgebahrt, und immer noch werden es mehr. Trauerzüge ziehen durch die ärmlichen Dörfer des Landes. Priester versuchen Trost zu spenden, doch niemand hört ihn. Die Blumengebinde an den Gräbern sind noch nicht verwelkt; schon werden neue Kränze gefertigt.

Die Menschen verlieren sich in einem Akt, dessen Symbolik fast theatralisch anmutet. Sie zeigen ihren Schmerz und ihre Ohnmacht in einem in einer solchen Situation für ukrainische und russische Verhältnisse völlig normalen Ausbruch an „Hysterie“. Die Rückkehr zur erhofften Normalität wird an dem Erfolg der Ermittlungsbeamten gemessen. Die Bevölkerung des Landes schreit förmlich nach der Ergreifung des Serienmörders ohne Gnade. Man wartet und hofft nur auf eines – auf ein Ende der blutigen Taten. Doch die Medienberichte sprechen eine andere Sprache.

Es ist der erste Weihnachtsfeiertag in der kleinen Stadt Minsk. Wieder einmal schlägt der Serienkiller zu, dieses Mal brutaler und grauenhafter als je zuvor. Neun Menschen müssen sterben – in einer einzigen Nacht. Der erste Polizeibeamte am Tatort gibt zu Protokoll: „Der Täter schlich sich offenbar in der Dunkelheit an das neu gebaute, noch nicht fertig gestellte Haus heran. Er konnte alles sehr genau beobachten, was in dem Hause geschah, da noch keine Gardinen angebracht waren. Das Anwesen steht am Ortsende. Deshalb konnte kein Nachbar den nächtlichen Besucher bemerken. Der Täter wartete offensichtlich, bis alle Bewohner des Hauses zu Bett gegangen waren und schliefen. Erst als er sich sicher sein konnte, dass ihn niemand hörte, betrat er das unversperrte Haus."

Was sich dann in dem kleinen Anwesen in Minsk ereignete, vermag der Beamte nur noch unter Tränen zu kommentieren: „Im Erdgeschoss befand sich das Schlafzimmer der Familie. Der Vater und der Sohn wurden durch mehrere Schüsse getötet. Die Frau wurde offensichtlich durch den Lärm der Schüsse wach und wollte aufstehen. Sie stand ihrem Mörder und dem Mörder ihrer Familie Auge in Auge gegenüber. Die Frau musste vor ihrem Mörder gekniet haben. Wahrscheinlich hat sie um Gnade gefleht. Doch das Monster hat sie mit einem stumpfen Gegenstand erschlagen. Die Schläge auf den Kopf der Frau waren so heftig, dass wir nicht gleich erkennen konnten, ob es sich bei dem Opfer um eine Frau oder einen Mann handelt. Man sah nur Blut, immer wieder Blut. Die junge Frau hatte nur ein Nachthemd an. Es war bis zur Hüfte hoch geschoben. Als wir den Leichnam der Frau mit einer Decke bedeckten, wusste jeder von uns, was mit ihr geschehen war."

„Warum haben Sie die Leichen der Opfer nicht im

Zimmer belassen, bis die zuständige Mordkommission kam?" will man von ihm wissen.

Der Beamte sagt: „Die Leichen lagen alle in einem großen Schlafzimmer. Nachdem der Täter alle Personen getötet hatte, versuchte er einen Brand zu legen. Wahrscheinlich mit Benzin. Wir fanden im Hof nämlich einen kleinen Reservekanister. Das Feuer verbrannte zwar den Fußboden und die Türen, doch der Brand erfasste nicht das ganze Haus. Der Täter versuchte wohl, alle Spuren zu verwischen."

Nach der Tat durchwühlt der Täter alle Zimmer des Hauses nach Wertgegenständen. Er raubt den Schmuck der jungen Mutter und die neuen Spielsachen ihres Jungen. Selbst einen neuen Rock der jungen Frau lässt der Täter nicht zurück.

„Es gab im ganzen Haus keinen Schrank", so der protokollierende Beamte, „dessen Schubladen nicht durchwühlt worden waren. Sicher wurden auch Elektrogeräte entwendet. Denn in den Zimmern lagen mehrere Verlängerungskabel, jedoch ohne dazugehörige Geräte."

Nachdenklich wirkt der Beamte. Nur ungern erinnert er sich an diesen Tag zurück. Seine Stimme klingt beklommen. Minuten vergehen, bis es ihm gelingt weiterzuerzählen.

„Es war äußerst schwierig, in den verkohlten Wohnräumen zu ermitteln. Auch die Eltern der Opfer konnten uns in ihrer Trauer nicht weiterhelfen. Immer wieder fragten wir sie, ob Gegenstände aus den Wohnräumen fehlen würden. Doch unter Tränen versicherten sie immer wieder nur eines, dass ihnen die Angehörigen fehlen, sonst nichts. Sie hatten nur einen Wunsch: ‚Gebt uns unsere Kinder zurück!'"

Als man einen weiteren Polizisten befragt, der zu den Beamten gehörte, die als Erste an die Stätte des Grauens gerufen wurde, bricht der kräftige Mann in Tränen aus und sagt: „Sie lagen noch vor dem Haus. Der Vater nur mit einer Unterhose bekleidet. Die Mutter war fast nackt. Meine Kollegen haben den Leichnam notdürftig mit einem Stoff bedeckt. So wie man die Frau aufgefunden hat, glaube ich mir ganz sicher zu sein, dass dieses Ungeheuer die Frau noch im Tode missbraucht hat. Können Sie sich vorstellen, was in einem vorgeht, wenn man solche Bilder sieht? Ich möchte solche Tatorte niemals mehr in meinem Leben protokollieren müssen."

Minutenlanges Schweigen. Man merkt dem Mann an, dass er am Ende seiner Kräfte ist. Die Bilder des Grauens lassen ihn nicht mehr los.

„Wenn ich das Geld und die Arbeit nicht bräuchte", fährt er nach einer Weile mit gedämpfter Stimme fort, „ich hätte an diesem Tage die Arbeit hingeworfen. Tagelang konnte ich mit niemandem darüber reden, was ich gesehen und erlebt habe. Meine Familie konnte sich mein plötzliches Verhalten nicht erklären. Ich zog mich völlig zurück. Ich hatte ständige Angst – bei jedem Anruf. Ich hatte Angst, ich könnte wieder an einen solchen Tatort gerufen werden."

„Haben Sie das Erlebte je mit Ihren Angehörigen besprochen? Oder haben Sie versucht, das Erlebte durch ein Gespräch mit einem Psychologen, einem Fachmann, zu verarbeiten?"

Der grauhaarige Polizist überlegt kurz und sagt dann: „Nein. Denn ich bin mir ganz sicher, es gibt keinen Menschen auf der Welt, der mir meine Albträume nehmen kann. Ich versuche alleine damit fertig zu werden. Dabei bin ich mir ganz sicher, es gelingt mir nicht."

Die Jugend des Täters

Die Kindheit des späteren Serienmörders Anatolij Onoprienko endet abrupt mit dem Tod seiner Mutter. Damals war er gerade 11 Jahre alt. Angeblich soll sein Vater die Frau eigenhändig ermordet haben. Viele Tatsachen sprechen dafür, doch polizeiliche Ermittlungen wurden in diesem Falle nie durchgeführt.

In der Ukraine und in weiten Teilen der ehemaligen Sowjetunion besteht eine hohe Gewaltbereitschaft der Männer gegen ihre Familien und Ehefrauen. Es ist äußerst selten, dass solche Straftaten strafrechtlich verfolgt werden. Die Verrohung der Menschen hat ganz im Gegenteil sogar eher zugenommen. Die scheinbar so sichere häusliche Idylle ist durch die allgegenwärtige Arbeitslosigkeit und die Wahrnehmung der unmittelbaren brutalen Umwelt längst entgleist.

Nach dem Tod der Mutter kommt Anatolij in ein Waisenhaus in einem kleinen Dorf auf dem Land, während sein Bruder beim Vater bleiben darf. Die Tatsache, dass er derart abgeschoben wurde, könnte ein Auslöser gewesen sein für seinen lebenslangen, krankhaften Hass auf intakte Familien, der sich schließlich in einer sieben Jahre andauernden Mordserie entlädt.

Im Waisenhaus wird er im sozialistischen Sinn erzogen. Eine Skulptur des jungen Lenin steht im Mittelpunkt des großen Parks vor dem Haupthaus des gepflegt wirkenden Heimes für Kinder ohne Eltern. Doch auch Anatolij Onoprienko, dem kleinen Jungen, hat die Philosophie Lenins nicht weitergeholfen. Insgesamt sieben Jahre seines Lebens, für ihn endlos lange Jahre, verbringt er hier.

An den unscheinbaren Jungen von einst können sich

die Heimleiter Furmanski noch erinnern. Die längst in Pension lebende Direktorin des Heimes, Nelli Furmanski, weiß noch heute: „Anatolij wirkte während seines Aufenthaltes in unserem Heim schweigsam und galt als problemlos."

Bis zum Ende der 80er-Jahre hielt Onoprienko Kontakt zu dem Heimleiter-Ehepaar. Er besuchte sie, so oft er nur konnte, und die Familie nahm sich Zeit für ihren ehemaligen Bewohner.

„Wir sind nie aus unserem Dorf herausgekommen. Anatolij jedoch bereiste als Matrose die ganze Welt. Sie können sich sicher vorstellen, wie gespannt wir jedes Mal waren, als der Junge von einst von seinen großen Reisen erzählte. Wir waren ganz sicher, dass er seinen Weg gemacht hatte und zufrieden war mit dem, was er erreichte."

Die noch immer resolut wirkende ehemalige Heimleiterin ist sich sicher: „Onoprienko berichtete stolz von seiner Arbeit, von seinem Leben als Matrose auf einem der berühmtesten Luxusliner der Sowjetunion. Wir waren fasziniert von den Erzählungen über die Reichen auf diesem Schiff. Wer kann sich so ein luxuriöses Leben, wie er es schilderte, in einem so kleinen Dorf schon vorstellen? Und glauben Sie mir, erzählen konnte Onoprienko wie kein anderer. Die Stunden, die er bei uns verbrachte, vergingen wie ihm Flug. Man glaubte förmlich, auf den Reisen selbst anwesend gewesen zu sein."

Anatolij Onoprienko muss dieses Ehepaar geachtet und geliebt haben. Vielleicht waren sie ihm Ersatz für seine Eltern. Anders sind seine relativ häufigen Besuche mit den zum Teil langen Anfahrtswegen nicht zu erklären. Häufig fuhr er stundenlang mit der Bahn vom Hafen am Schwarzen Meer zu dem entlegenen Dorf seiner Kindheitserinnerungen.

„Meist brachte er uns auch kleine Geschenke mit", erzählt die ehemalige Leiterin weiter. „Ich kann mich noch sehr genau daran erinnern, es war im Jahre 1984. Er schenkte uns ein Holzbrett mit dem Wappen von Madrid, das er auf einer Spanienreise gekauft hatte. Begeistert erzählte er uns von den Schönheiten und Sehenswürdigkeiten dieses Landes, und wie heiß es dort zu dieser Jahreszeit gewesen wäre. Er war so stolz darauf, Matrose auf diesem Schiff zu sein und damit um die halbe Welt reisen zu können."

Da mischt sich auch der Mann der ehemaligen Direktorin in das Gespräch ein: „Du wirst dich gar nicht mehr daran erinnern, aber dieses Geschenk habe ich bis zum heutigen Tage aufgehoben. Soll ich es holen?"

„Was, das haben wir noch im Hause?", fragt sie verwundert und ersucht ihren Mann: „Ja, bitte hole es doch einmal. Ich möchte es dem Besucher zeigen."

In seinen alten Hausschuhen schlurft er zu einem kleinen Kleiderschrank im Schlafzimmer. Behäbig kommt er wieder in das Wohnzimmer zurück. In seinen Händen hält er ein Holzstück.

„Sehen Sie, auf der Rückseite hat er eine Widmung für uns geschrieben", erzählt er mit verstohlenem Stolz und zeigt sie seinem Besuch. Nelli Furmanski, seine Frau, rückt näher an den Tisch und setzt ihre Brille auf. Deutlich ist das spanische Wappen auf dem Holzbrett zu erkennen. Auf der Rückseite ist handschriftlich zu lesen:

Für die
Familie Furmanski

Zur Erinnerung von Ihrem Schüler
Anantolij Onoprienko

Spanien 1984

Wutentbrannt springt die alte Frau auf und fordert von ihrem Mann: „Los, wirf das Gerümpel in das Feuer im Ofen. Ich will nicht mehr an diesen Menschen erinnert werden. Und erst recht möchte ich keine Geschenke von ihm im Hause haben."

Folgsam holt der Mann eine alte Zeitung, zerknüllt sie und steckt sie in den Ofen. Dann legt er ein paar Scheite Holz auf das Papier und zündet es an. Nachdem das Holz zu brennen beginnt, wirft er das Geschenk in die Flammen.

Seine Frau geht zum Ofen. Sie blickt in das lodernde Feuer. Sie denkt lange nach, bevor sie weitererzählt: „Ich habe einmal seine Oma gefragt, warum sie den Jungen ins Kinderheim gebracht hat, wo er doch einen Bruder und einen Vater hat, der schon Geld verdient. Natürlich habe ich alleine mit ihr gesprochen. Bei diesem Gespräch war Anatolij nicht anwesend. Ich hatte Anatolij in der Zwischenzeit in das Klassenzimmer geschickt, damit ich mit seiner Oma unter vier Augen sprechen konnte. Aber sie konnte mir nichts Positives über ihren Schwiegersohn erzählen. Die Oma hatte kein gutes Verhältnis zu Anatolijs Vater. Auf meine Frage reagierte sie damals sehr ängstlich und aufgeregt. Sie stieß hervor: ‚Er ist ein Bandit, ein Krimineller. Er hat versucht, mich zu erwürgen, und hat mich mit einer Axt bedroht. Dieser Bandit hat mich fast ins Grab gebracht.'"

Für die spätere Entwicklung des stillen Anatolij hat Nelli Furmanski eine einfache Erklärung: „Ich denke, es liegt vielleicht an seinen Genen. Ich glaube sogar ganz fest daran, dass es tatsächlich so war. Anatolijs Vater war doch vorbestraft. Er saß dreimal im Knast, einmal über fünf Jahre lang."

15 Kilometer vom Kinderheim entfernt befindet sich die Realschule der Gegend. Lediglich zwei Jahre ver-

bringt Anatolij dort. Als 16-Jähriger muss er die Schule verlassen. Der Grund sind seine mangelnden Leistungen. Zudem glänzte Anatolij mehr durch Ab- als durch Anwesenheit. In seiner Klasse befanden sich auch vier Mädchen, sehr zur Freude Anatolij Onoprienkos.

Seine Lehrerin Sinaida Sokolowa – sie ist heute ebenfalls in Pension – erinnert sich nur ungern an den unangenehmen Schüler von einst: „Er war ziemlich faul. Ob er sich geprügelt hat, daran kann ich mich nicht erinnern. Aber er lernte nicht besonders gut, und später fing er immer öfter an, den Unterricht zu versäumen. Vielleicht hatte er sich damals schon einer Bande angeschlossen. Er hatte auf einmal acht Sechsen im Zeugnis. Man wollte ihn damals von der Schule weisen.

Doch immer wieder gab man ihm eine Chance. Aber er nutzte sie nicht. Seine Leistungen wurden so schlecht, dass wir ihn nicht länger an der Schule behalten konnten."

Auch Onoprienko hat die Zeit in der Realschule niemals vergessen, vor allem nicht die Physikstunden und seine Lehrerin Ewgenija Seitschenko. Mehrfach bekam er von ihr schlechte Noten. Rügen vor der gesamten Klasse wegen seiner mangelhaften Leistungen und seinem Desinteresse am Unterricht waren an der Tagesordnung. Der 16-jährige Schüler Anatolij schämte sich vor allem vor den anwesenden Mädchen, wenn die Lehrerin wieder einmal die Geduld mit ihm verlor.

Ein ehemaliger Mitschüler erinnert sich noch genau: „Anatolij war nie mein Freund. Er konnte manchmal sehr böse werden, wenn ihm etwas nicht gefiel. Sehr nett dagegen war er zu den Mädchen unserer Klasse. Manchmal trug er ihnen sogar die Schultaschen. Welchem Mädchen gefällt das nicht? Es war nichts Ungewöhnliches, dass man ihn mit den Mädchen am Nachmittag im Park traf. Wenn man ihn zusammen mit den

Mädchen sah, lachte er nur, als wolle er sagen, seht her, was ich für Chancen bei den Mädchen habe. Andererseits kam es auch vor, dass er einem Prügel androhte. Das war sehr unterschiedlich. Die Mädchen kicherten dann immer, und Anatolij genoss es offensichtlich sehr, von den Mädchen umschwärmt zu werden. Während wir uns mehr dem Sport widmeten, waren seine Interessen anderer Art ... Anders war er auch, wenn er wieder einmal von unserer Chemielehrerin gerügt wurde. Meist zog er sich dann auf sein Zimmer zurück und sprach mit niemandem. Man konnte seine grenzenlose Wut gegen diese Frau spüren, auch wenn er nicht darüber sprach."

Verziehen hat Anatolij Onoprienko seiner Lehrerin diese Kränkungen nie.

Das Leben eines Globetrotters

Das Leben auf hoher See, einst Kindertraum von Anatolij Onoprienko, wird für ihn zur Wirklichkeit. Er fühlt sich wohl als Matrose der Schwarzmeerflotte, besonders in den Häfen, die „sein" Schiff anläuft. Es galt als Auszeichnung für jeden jungen Matrosen auf dem berühmten Luxusliner Maxim Gorky arbeiten zu dürfen.

Doch 1990 sollte sich nach einer privaten Trennung Onoprienkos Leben grundsätzlich und schlagartig ändern. Plötzlich nimmt seine Seemannsromantik ein jähes Ende. Von nun an versucht er die fernen Länder mit der Bahn und mit einem Auto zu erkunden.

„Ich war es leid, nur immer die Huren und die Bars der Häfen in allen nur erdenklichen Hafenstädten zu erkunden. Es war an der Zeit, Land und Leute kennen zu lernen. Ich wollte mich selbstverwirklichen, das war das erklärte Ziel für meine Zukunft", sagt er später, was immer das auch heißen und bedeuten sollte für sein weiteres Leben.

Anatolij Onoprienko streicht von nun an mit der Bahn oder per Anhalter durchs Land, zunächst durch die Ukraine. Doch so sehr er sich auch bemüht, nirgends erhält er Arbeit. Und so geht das ersparte Geld schnell zur Neige. Da beschließt er, nach Ungarn zu fahren, ein Land, das seiner Meinung nach sehr westlich orientiert ist und gerade ihm mehr Möglichkeiten bietet. Doch er bemerkt sehr schnell: „In diesem Land gibt es sehr viele Polizisten, und die sind besonders auf der Hut bei allen Ausländern, die sich über längere Zeit in dem Lande aufhalten wollen." Sicher war dies die Erklärung für seine schnelle Abreise aus Ungarn.

Er ist froh darüber, auf einem Parkplatz einen Sattelzug zu entdecken, der ein ausländisches Kennzeichen trägt. An der Fahrertür erkennt er den Standort des Transportunternehmers, und von diesem Augenblick an steht das nächste Ziel seiner endlosen Reise fest: die griechische Hauptstadt Athen.

Längst hat er bemerkt, dass der Fahrer des Wagens in seiner Kabine schläft. So gelingt es ihm leicht, die sich am Ende des Aufladers befindliche Plastikplane unbemerkt zu öffnen und den Anhänger heimlich zu besteigen. Der Hänger ist völlig leer, und Onoprienko lässt sich auf dem Boden nieder. Als sich der Wagen nach Stunden in Bewegung setzt, flucht er nicht schlecht ob der unruhigen Fahrt. Er findet kaum Halt, und jede Kurve wird zur Tortur auf dieser Reise ins Ungewisse.

Tags darauf staunt der Fahrer des Lkws nicht schlecht, als er auf dem Lagerhof seines Arbeitgebers seine Fracht zu Gesicht bekommt. Außer sich vor Wut über den ungebetenen Fahrgast schreit er ihn an: „Was machst du denn hier? Und wo und vor allem wie bist du auf meinen Wagen gekommen?"

Onoprienko versteht diese fremde Sprache nicht – bis auf ein Wort, das ihm durch Mark und Bein fährt und das der Grieche ständig wiederholt: „Polizei". Onoprienko sieht den Fahrer wütend zu einer kleinen Bürobaracke rennen und glaubt, es sei nun der richtige Augenblick gekommen, die Flucht zu ergreifen. Mit einem mächtigen Satz springt er von der Bordwand des Anhängers und sucht das Weite.

Doch der Mann mit dem großen Seesack über der Schulter kommt nicht weit. Die von dem Fernfahrer gerufene Polizei stöbert ihn schon bald auf und fährt mit ihm zur nächsten Polizeistation. Dort stellt man ihm nach einigen Tagen, die er in einer Zelle verbringt, einen Dolmetscher zur Verfügung. Doch dieser hat den Beamten nur einen Satz zu übersetzen: „Asylantrag. Ich ersuche um Asyl."

Onoprienko ist sehr erfreut, als man ihm zu verstehen gibt, dass er bis zur Entscheidung durch das zuständige Gericht auf freiem Fuß verbleibt. Ungehindert verlässt er die Polizeistation. Er versucht, sich mit verschiedenen Jobs über Wasser zu halten. Doch auch in diesem europäischen Land gelingt ihm dies nicht. So sehr er sich auch bemüht, Arbeit bekommt er nirgendwo.

Da begegnen ihm zwei Amerikaner, die der Glaubensgemeinschaft der Mormonen angehören, und er ist sich sicher, dass ihm diese religiösen Menschen mit ihrer Hilfsbereitschaft weiterhelfen werden. Und so ist es auch. Sie nehmen ihn zu sich auf, und so ist Onoprienko seine Sorge ums tägliche Überleben fürs Erste los. Nach eigenen Angaben ist Onoprienko von den zwei Mormonen der „Kirche des Jesus Christus – Heilige der letzten

Tage" zu ihrem Glauben bekehrt worden. „Ich ging jeden Sonntag in die Gemeindekirche und wurde auch im Meer getauft. Bei den Leuten hat es mir sehr gefallen. Sie waren sehr nett und hilfsbereit zu mir", erzählt er.

In einem späteren Interview jedoch stellt er die Begegnung mit der Glaubensgemeinschaft der Mormonen völlig anders dar: „Diese Glaubensgemeinschaft versprach mir, mich bei meinem Asylantrag zu unterstützen. Doch als ich dann einen Bürgen hätte beibringen sollen, der für mich die Hand ins Feuer legt, war keiner von ihnen dazu bereit. Dabei war ich doch einer von ihnen."

Die Behörde teilt ihm später mit, dass sein Asylantrag abgelehnt werden musste. Darüber ist Onoprienko sehr verbittert, denn man nimmt ihn fest und steckt ihn in Auslieferungshaft. Schon nach wenigen Tagen wird er in die Ukraine zurückgebracht.

Doch er hält es zu Hause nicht lange aus. Fernweh überkommt ihn. So beschließt er, Mitte 1991 mit dem Schiff nach Italien zu reisen. Auch hier bemüht er sich um eine Möglichkeit, Geld zu verdienen. Aber er findet keine Arbeit. Völlig mittellos verlässt Onoprienko dieses Land. Er fährt mit der Bahn hunderte von Kilometern ohne Ticket. Nicht einmal an der Grenze wird seine Reise gestoppt.

Sein neues Ziel ist die Schweiz. „Dieses Land hat mir sehr gut gefallen", erinnert er sich. „Es ist wie im Paradies. Aber es gibt sehr viele Polizisten in den Städten. Reisende werden häufig kontrolliert. Das hat mir nicht gefallen. Zum Glück wurde ich nie erwischt."

Als man ihn später fragt, wovon er die ganze Zeit gelebt hat – er hielt sich immerhin fast einen Monat in diesem Lande auf –, sagt er mit einem Grinsen im Gesicht: „Man schlägt sich halt so durch. Ich hatte

Glück, dass ich nie in eine Polizeikontrolle gekommen bin. Das hätte böse ausgehen können."

Dann beschließt er, nach Deutschland zu reisen. Wieder ohne Geld und wieder mit der Bahn. Wochenlang streunt er durch die verschiedenen Bundesländer. Im August 1991 ersucht er um Asyl. Als man seinen Asylantrag ablehnt, wird er nach Kiew abgeschoben.

Ende 1993 kauft er sich in der Ukraine ein Auto und fährt damit quer durch Europa. Das Ziel seiner Reise ist diesmal das sonnige Spanien. In Madrid stellt er wieder einmal einen Asylantrag. Noch bevor dieser abgelehnt wird, führt ihn sein Weg zurück nach Deutschland. Warum? Darüber will er nicht sprechen.

Die deutschen Behörden lehnen auch sein erneutes Ersuchen um Asyl ab. Seine Begründung für die Antragstellung lautet: „Ich bin mit dem politischen System in meiner Heimat nicht einverstanden. Außerdem wurde mir grundlos der Bau eines Hauses verweigert. Sogar meine Wohnung hatte man mir gekündigt."

Diese Begründung reicht den deutschen Behörden für eine positive Beurteilung nicht aus und sie schieben ihn im Mai 1994 wieder in die Ukraine ab.

Gerade angekommen steckt man ihn, wie er behauptet, ohne Grund in die berüchtigte Pavlov-Klinik, einer Anstalt zur Wahrung der psychischen Gesundheit. Er verbringt hier fast vier Monate. Als man ihn aus der Klinik entlässt, ist er sich sicher: „Es war die schlimmste Erfahrung, die ich in meinem ganzen Leben erdulden musste. Die Zeit in dieser Klinik war so furchtbar, dass ich nicht darüber sprechen möchte. Nie. Nie in meinem Leben. Nur so viel: Man hat versucht, meinen Willen zu brechen. Doch dies gelang ihnen nicht."

Sein nächstes Ziel führt ihn nach Tschernobyl. Hier wohnt sein Bruder. Außerdem hat er in Erfahrung gebracht, dass dort Leute benötigt werden, die nach der Atomreaktorkatastrophe, die sich am 26.4.1986 ereignete, Aufräumarbeiten erledigen sollen. Doch die Arbeit gefällt ihm nicht. Onoprienko erscheint nicht mehr an seiner Arbeitsstelle und liegt von da an seinem Bruder auf der Tasche. Der will sich nicht länger um ihn kümmern und gibt ihm 1000 Dollar für sein Versprechen, das Land wieder zu verlassen. Die Geschehnisse während seines kurzen Aufenthalts bringen ihm später den Titel „Terminator von Tschernobyl“ ein.

Nach diesen maßlosen Enttäuschungen hält Onoprienko nichts mehr in seinem Land, und so beschließt der Globetrotter eine neuerliche Tour. Im September 1994 führt ihn seine nächste Reise mit einem Lkw nach Österreich. Erneut stellt er einen Asylantrag und behauptet gegenüber dem Beamten, der das Protokoll aufnimmt: „Ich habe am 29.9.1994 die Ukraine mit einem Lkw verlassen und bin am Tag darauf so gegen 18 Uhr in Österreich angekommen. Ich habe dem Fahrer dafür 1000 Dollar bezahlt. In einem Waldstück bei Rattersdorf (Burglengenfeld) musste ich das Fahrzeug verlassen. Danach hielt ich mich vier Tage im Wald auf. Am 4.10.1994 wurde ich um 5 Uhr morgens von Polizisten aufgegriffen und in die Flüchtlingsübernahmestelle nach Schachendorf gebracht.“

Weil er keinen Reisepass besitzt und weder über Geld noch Unterkunft verfügt, steckt man ihn in Schubhaft. Und auch sein neuerlicher Asylantrag wird abgelehnt.

Während eines Hofganges im Eisenstädter Gefängnis gelingt ihm am 4. Dezember 1994 die Flucht. In einem unbemerkten Augenblick überwindet er die vier Meter hohe Mauer mit einem Seil, das er aus einem Hemd und einer Hose geknüpft hat. Trotz intensiver Fahndung ist Onoprienko für die ermittelnden Beamten wie vom Erdboden verschluckt. Dabei hält er sich in dem örtlichen Arbeitsamt und der Handelskammer auf und wartet, bis die Beamten Feierabend machen. Dann durchsucht er in aller Ruhe die Schreibtische. Er findet einen Autoschlüssel. Der dazugehörige Wagen steht auf dem Hof des Amtes.

Seelenruhig bricht er eine Vielzahl von Büroschränken auf. Das wenige Bargeld, das er findet, nimmt er mit. Auch einige Elektrogeräte verstaut er in dem Wagen, mit dem er anschließend in der Dunkelheit verschwindet. Erst am nächsten Tag wird die Polizei vom Hausmeister über den Einbruch im Amt informiert. Nun konzentriert sich die Fahndung der Polizei nicht mehr auf die Person Onoprienkos allein. Man sucht auch nach dem gestohlenen Wagen. Fahrzeugtyp und Kennzeichen des gestohlenen Wagens werden landesweit zur Fahndung ausgeschrieben. Doch Auto und Fahrer können trotz größter Anstrengungen nicht aufgegriffen werden.

Kaum vier Monate später, im Januar 1995, greift man Onoprienko in Deutschland auf. Noch immer fährt er den in Österreich gestohlenen Wagen, ohne Papiere und ohne Ausweis. In dem sichergestellten Fahrzeug findet die Polizei umfangreiches Einbruchswerkzeug und Diebesgut.

Nach kurzer Haftzeit schiebt man die unerwünschte Person Onoprienko wieder ab. Erneut bringt man ihn in seine Heimat der Ukraine zurück.

In Kiews Polizeipräsidium kennt man Onoprienko inzwischen schon als den „Möchtegern-Aussiedler."

„Na, wieder zurück in der Heimat? Dich will wohl auch der Rest der Welt nicht haben?", verhöhnen ihn die Beamten. Er bekommt seinen Ausweis zurück und darf die Polizeistation verlassen.

An dem nächsten Zeitungskiosk sieht er die neuesten

Nachrichten in großer Aufmachung aus seinem ungeliebten Heimatland. Alle Zeitungen und Illustrierten der Ukraine haben nur einen Titelbericht: „Serienmörder gesucht! Serienkiller überzieht das Land mit Angst und Schrecken. Schon 34 Tote!“ Andere berichten bereits von 46 Opfern – und die Zahl der Opfer steigt.

Doch Anatolij Onoprienko lassen die Nachrichten kalt. Noch immer ist er von Österreich enttäuscht. Einem Freund erzählt er: „Die Menschen dort sind alle sehr nett und freundlich in ihrer Art. Aber immer wieder schieben sie mich ab. Auch in Deutschland verstehen die Behörden nicht, dass ich ein echter Asylant bin und sie mich aufnehmen müssen. Ich weiß nicht, was ich falsch mache, aber all diese europäischen Länder schicken mich immer wieder in die Ukraine zurück. Dabei halten sich in diesen Ländern Zehntausende von Ausländern auf, denen man Asyl gewährt. Warum nicht mir? Ich kann das einfach nicht begreifen.“

„Was willst du jetzt tun, hast du darüber schon nachgedacht?“, möchte sein Freund wissen.

„Ich weiß es nicht. Was will ich ohne Geld schon Großes vollbringen? Mein Bruder ist auch nicht mehr bereit, mich zu unterstützen. Aber keine Sorge, ich werde mich schon irgendwie durchschlagen.“

Onoprienko besucht einen Verwandten in dem kleinem Dorf Jaworiw im Westen der Ukraine und entscheidet sich zu bleiben. Seit der Ära Gorbatschows ist die Armut hier besonders groß, wie in vielen Teilen des Landes. Aber Anatolij hat gelernt zu überleben.

Ein Zufall kommt ihm zu Hilfe. Er lernt eine Frau von 37 Jahren kennen, die zwei Kinder und eine schöne Wohnung hat. Schon bald nimmt sie ihn mit nach Hause. Wenige Tage später zieht er bei ihr ein.

Die junge Frau schwärmt bei ihren Freundinnen: „Ich habe den Mann meines Lebens kennen gelernt. Er ist so zärtlich und liebevoll. Ich glaube, wir werden uns bald verloben."

Ihre Kinder, ein 6-jähriger Junge und seine Schwester, 15 Jahre alt, finden den „Neuen" cool. Er kann viel erzählen, der weit gereiste Mann, und die beiden Kinder erfahren zum ersten Mal, wie es im Westen zugeht.

Als sie ihn fragen, warum er denn in die Ukraine zurückgekehrt sei, begründet er dies mit geschäftlichen Verpflichtungen. Um welche Geschäfte es sich jedoch handelt, erzählt er nicht. Er verrät nur so viel, dass er die Ukraine wieder verlassen werde, sobald er seine Arbeit erledigt habe. Immer wieder spricht er davon, dass er in den Westen zurückgeht, entweder nach Österreich oder nach Deutschland. Seine Geschäftsfreunde würden ihn schon sehnlichst erwarten, gaukelt er der Frau und den Kindern vor. Natürlich hat er nicht versäumt zu erwähnen, dass er diese Aussiedlung mit seiner neuen Familie plant – und welches Kind und welche Frau in der Ukraine würde das nicht gerne hören.

Tagelang ist Anatolij „geschäftlich" unterwegs. Zumindest erzählt er das seiner neuen Lebensgefährtin. Dabei vergisst er nie, von seinen Geschäftsreisen Geschenke mitzubringen. Dass es sich dabei um getragene Kleidungsstücke und Schmuck von geringem Wert handelt, stört die Beschenkten nicht. Sie sind sich sicher, dass er sie in einem Gebrauchtwarenladen gekauft hat. Und das ist schon etwas Besonderes in diesem armen Land.

Nur Wochen später wird Verlobung gefeiert, und seine Braut lächelt wie noch nie in ihrem Leben. Feierlich verspricht ihr Anatolij an diesem Tag, dass die Hochzeit nicht mehr lange auf sich warten lassen würde.

Er müsse nur noch für genügend Geld sorgen, dann stünde auch einer Übersiedlung in den Westen nichts mehr im Wege.

Nur wenige Tage später überschlagen sich die Zeitungen mit neuen Horrormeldungen. Wieder einmal hat der Serienmörder der Ukraine zugeschlagen. Das Fernsehen zeigt Bilder wie in einem Krieg. Niedergemetzelte Menschen an einem verschneitem Straßenrand sind zu sehen. Männer, Frauen und Kinder, auf grauenhafte Art getötet. Doch von dem Täter fehlt jede Spur.

Bilder des Unvorstellbaren flimmern über die Bildschirme der Ukraine. Bilder des Schreckens. Auch Anatolij Onoprienko und seine Verlobte sehen sie. „Gerade ihr Frauen müsst sehr vorsichtig sein in dieser Zeit", warnt er die Frau.

Im Frühjahr 1996 nimmt man ihn fest, und er gesteht 53 Morde. Sein jüngstes Opfer war 3 Monate alt.

Seine Taten

Sieben Jahre lang – 1989 bis 1996 – wird das Land am Schwarzen Meer von einer nie da gewesenen Mordserie erschüttert. Ein schwarzer Schleier der Trauer überzieht Dörfer und Städte. Das Land kommt nicht zur Ruhe. Von der westlichen bis zur östlichen und von der nördlichen bis zur südlichen Grenze, überall finden sich dieselben Bilder des Grauens. Kaltblütig getötete, unschuldige Menschen liegen in ihren Särgen. Egal ob Männer, Frauen oder Kinder. Unterschiede werden nur in der Methodik des Tötens sichtbar. Die Menschen sterben durch Schüsse aus einer Schrotflinte, durch Messerstiche oder Hammerschläge. Meist werden sie vorher grausam misshandelt. Die weiblichen Opfer werden fast alle missbraucht.

Der Tod kommt immer plötzlich und immer brutal, ohne offensichtlichen Anlass und ohne erkennbares Motiv. Eine Vorwarnung gibt es nicht.

Anatolij Onoprienko tötet wahllos, aber stets auf die gleiche Art. Meist mit einer abgesägten Jagdflinte bewaffnet dringt er in die Häuser ein. In vielen Fällen erschießt er zunächst den Hausherrn. Dann nimmt er sein Messer hervor und tötet Frauen und Kinder. Unbarmherzig schlägt dieser Killer zu. Die Menschen flehen um ihr Leben. Doch erst ihr Tod lässt diesen Albtraum enden.

Er stiehlt seinen Opfern Geld und Schmuck. Auch wertlose Gegenstände wie ein Teddybär oder Fotos von den Opfern werden zu seiner Beute.

Es sollen Andenken an seine Taten sein. Er hasst intakte Familien, da er selbst nie eine hatte. Wie fast alle Serienmörder sucht er nach der Tat seelenruhig nach einer Trophäe seiner wahnsinnigen Exzesse. Oft genug sind es Körperteile der Opfer, die sie an anderen Stellen vergraben und von Zeit zu Zeit aufsuchen.

In diesem Jahrhundert gibt es genügend Beispiele für dieses bestialische Handeln von Serienmördern.

Der Pole Leszek Pekalski, einer der größten Massenmörder unserer Zeit, war schier verzweifelt, wenn er seine Opfer nach den Tötungen verlassen musste. In einem seiner vielen Interviews versuchte er dafür eine Erklärung zu finden: „Bei meinen weiblichen Opfern war es sehr frustrierend für mich, dass ich sie nicht behalten konnte, wie andere Männer ihre Freundinnen. Nachdem ich sie getötet hatte, verging ich mich an ihnen. Aber sie waren eben tot. Oft saß ich Stunden neben ihnen, wollte mit ihnen reden. Doch plötzlich waren sie ganz kalt und starr. Das ärgerte mich sehr. Meist vergrub ich sie und besuchte sie in den nächsten Tagen wieder. Ich grub sie wieder aus und wollte wieder mit ihnen Spaß haben. Doch als ich sah, wie sie aussahen, glauben Sie mir, das bereitete mir keine Freude mehr, und ich suchte mir neue Opfer. Aus diesem Grunde wurden die Zeiträume auf der Suche nach dem Neuen immer kürzer."

Auch Anatolij Onoprienko verlangte stets nach neuen Opfern. Seine Gier zu töten wurde immer ausgeprägter. Nach seiner Verhaftung versucht die Staatsanwaltschaft mit seiner Hilfe alle seine Taten zu rekonstruieren. Es sollten für die Beteiligten, meist abgebrühte Beamte, Fahrten des Schreckens werden. Für den Täter waren sie „ein Rückblick in meine Lebensphilosophie, ein unvergänglicher Beweis dafür, der Nachwelt ein Zeichen gesetzt zu haben".

Die Reisen zu den Orten seiner grauenhaften Taten trat er voller Freude an. „Er war stets gut gelaunt, wenn er erfuhr, dass eine dieser Tatortbesichtigungen auf der Tagesordnung standen", weiß ein beteiligter Beamter zu berichten. „Oft hat er sich für diese Ausflüge extra rasiert und seine beste Kleidung angezogen. Man konnte fühlen, dass er seine Taten noch einmal mit einer inneren Freude durchlebte. Die Menschen, die hinter den Absperrungen standen und das barbarische Demonstrieren des Tötens beobachteten, waren tief geschockt."

Längst haben sich die langen schwarzen Schatten der Taten in die Seelen der Hinterbliebenen gebrannt. Unfassbar ist ihre Wut, den Menschen aus der Nähe zu erleben, dem es Freude bereitet, seine grauenhaften Attacken gegen ihre Liebsten zu dokumentieren. Wen können die Worte einer kleinen, fast zerbrechlich wirkenden Frau verwundern, die Zeugin dieser Rekonstruierung wurde und sehen musste, auf welche Weise man ihre Kinder und Enkelkinder tötete: „Dieser Mann mit seinem unheimlichen Doppelleben hat das Leben unzähliger Familien zerstört. Auch das unsere. Nichts ist mehr so wie früher. Es gibt kein Kinderlachen mehr in unserem Haus. Er hat selbst diese unschuldigen Leben ausgelöscht. Mir läuft es eiskalt den Rücken herunter, wenn ich dieses eiskalte Monster betrachte und sehe, wie es ihm Spaß macht, unsere Herzen zu quälen."

Die alte Frau macht eine lange Pause, bis sie wieder im Stande ist weiterzusprechen: „Ich bin kein Richter. Ich bin eine alte Frau. Was soll ich Ihnen sagen, was ich dieser Bestie von einem Menschen wünsche? Auch er hat ein Leben, wie meine Kinder."

Sie presst ihre schmalen Lippen zusammen, und aus ihren Augen leuchtet Zorn: „Vielleicht gibt es auf dieser Welt noch einen böseren, ja noch brutaleren Menschen als ihn, ich würde mir wünschen, er würde ihm begegnen. Auch er soll in die Hölle sehen können und erleben müssen, welche Qualen seine Opfer erleben mussten. Für mich ist er der Doppelgänger des Teufels."

Langsam öffnet sie ihre abgewetzte Handtasche und kramt ein Bild hervor. Darauf erkennt man, was dieser Mann ihr nahm. In einem Leichenschauhaus aufgebahrt liegen in einfachen Särgen ein Mann, eine Frau und deren Kind. Die Gesichter sind mit einem Tuch zum Teil abgedeckt. Es war nicht mehr möglich, das Geschehene zu retuschieren. Kopfschüsse wurden mit einer Blume verborgen, abgetrennte Glieder unter der Leichendecke versteckt.

Die vergrämte Frau will nicht mehr weitersprechen. Sie verlässt den abgesperrten Platz mit einem letzten Blick auf den Täter. Ihre zarten Finger deuten noch einmal auf Anatolij Onoprienko, doch der Schmerz schnürt ihre Kehle zu. Ein hünenhafter Polizist, der in ihrer Nähe stand, greift ihr wortlos unter die Arme und verlässt mit ihr den Platz des Geschehens.

Noch bevor man ihn von diesem Platz wegbringt, erklärt Anatolij Onoprienko den umstehenden Menschen: „Sie müssen wissen, ich habe alle diese Taten als Herr der Welten getan. Ich musste es tun! Was blieb mir anderes übrig. Ich hatte nur meinen Auftrag zu erfüllen."

Ein Verbrechen wird rekonstruiert

Die meterhohen, unüberwindbaren Mauern, gekrönt mit vom Rost zerfressenem Stacheldraht, schützen die Bevölkerung der Stadt Zhitomir. Schwer bewaffnete Scharfschützen in den zahlreichen Ecktürmen bewachen Tag und Nacht das Gelände des ältesten und sichersten Gefängnisses der Ukraine. Der graue, uralt wirkende Gebäudekomplex ist noch aus dem vorigen Jahrhundert. Der Putz des Hauptgebäudes bröckelt von den Wänden, die maroden Elektroleitungen hängen wirr umher. Die Dachrinnen sind durchlöchert. Ein wenig verwahrlost wirkt die Herberge des Grauens, und doch erfüllt sie ihren Zweck. Die unzähligen tristen Zellen entlang der verwinkelten Gänge mit ihren vielen Eisen- und Gitterschleusen werden zum Getto der Ausgestoßenen dieses Landes. Wer hier einsitzt, hat alle Rechte eines Menschen verloren, ist vogelfrei, meist für den Rest seiner Tage. Als menschenunwürdig bezeichnen es die Insassen. Die Bevölkerung ist da anderer Meinung. Viel zu lasch sei der Strafvollzug der Neuzeit – auch in diesem Lande. Dabei rücken die Wände der Zellen immer näher zusammen, zerquetschen den Geist und lassen die Gefühle erkalten.

Nervosität bestimmt und beherrscht an diesem Tag den Hochsicherheitstrakt der Vollzugsanstalt von Zhitomir. Die Gefangenen spüren die Aufregung unter den Beamten, die sich durch besonders laute Befehle bemerkbar macht. Zum dritten Mal schon wird der Gefangenenhilfsarbeiter zum Wischen des Ganges aufgefordert, bis ein Rollkomando, bestehend aus besonders kräftigen und ausgebildeten Beamten, Aufstellung auf dem Gang nimmt. Vier durchtrainierte Sicherheitsleute der Miliz nehmen Aufstellung vor der Zelle mit der Nummer 12, deren Einrichtung der höchsten Sicherheitsstufe entspricht. Türen und Fenster sind doppelt vergittert.

Erst als der Oberstaatsanwalt in einem dunklen Anzug vor der Zelle eintrifft, werden die Beamten aktiv. Ein Blick durch den Spion an der Zellentüre und das Aufrufen des Namens des Insassen genügt und der Beamte kann sich vergewissern, das sich der Häftling in der vorgeschriebenen Position in seiner Zelle befindet. Mit dem Gesicht zur Wand, die Hände auf dem Rücken gekreuzt, wartet der Gefangene auf weitere Befehle. Die schwere Eisentüre wird entriegelt.

„Anatolij Onoprienko, raustreten“, ruft man im Befehlston dem Häftling entgegen.

Ein stummes Nicken, und der Gefangene verlässt die Zelle. Ein eigenartiges Bild. Vier hoch gewachsene Männer empfangen einen nur 1,60 m großen, verschüchtert wirkenden Gefangenen. Handschellen klicken. Man weiß, man hat einen der als besonders gefährlich eingestuften Häftling vor sich, auch wenn er nicht den Klischeevorstellungen eines Schwerstkriminellen entspricht. Der Wachtrupp setzt sich in Bewegung. Die ungleiche Prozession begibt sich zum Ausgang des

Gebäudes. Der an Händen und Füßen gefesselte Gefangene hat Mühe, Schritt zu halten. Er macht betont kleine Schritte, um nicht den Unmut seiner Bewacher heraufzubeschwören. Schnaubend erreicht er die schwere Eisentür des Ausganges.

Das fast vier Meter hohe, graublaue, zweiflügelige Eisentor öffnet sich an diesem wolkenverhangenen Tag ungewohnt früh. Der große Parkplatz vor den grauen, tristen Mauern ist mit zahlreichen Polizeiwagen und zivilen Fahrzeugen der Miliz belegt. Ein Mittelklassewagen des Staatsanwaltes verlässt unter den Blicken der umstehenden Beamten das Tor. Er hält kurz an, und während sich zwei Fahrzeuge vor dem Wagen postieren, schließen sich die übrigen Autos zu einem großen Konvoi hinter dem Fahrzeug des Staatsanwaltes an.

Die Wagenkolonne bahnt sich ihren Weg durch die Stadt Zhitomir. Nur wenige Passanten an den Straßenrändern nehmen es fast gelangweilt zur Kenntnis. Sie sind sich sicher, dass wieder einmal irgendeiner der Bonzen oder Funktionäre auf Kosten der armen Leute durch die Stadt chauffiert wird.

Dabei fährt man zu dieser morgendlichen Stunde den meistgehassten Menschen dieses Landes durch die Straßen. Jeder kennt ihn aus unzähligen Fernsehberichten und Zeitungsartikeln. Alle Bürger dieser Stadt haben sein Bild sehen können. Doch niemand erkennt, dass dieses Aufgebot notwendig ist, um ungefährdet durch die Straßen zu kommen. Der aufgestaute Hass gegen Onoprienko kennt keine Grenzen unter der Bevölkerung. Gemäß einer Umfrage wollen fast alle der Befragten den Täter öffentlich hingerichtet sehen.

Unbehelligt verlässt der Konvoi die Stadt und macht sich auf den Weg zu einer Landstraße im Norden der Ukraine. Hier soll Anatolij Onoprienko fünf wehrlose

Menschen in einem Auto getötet haben. Wie er dies tat, das will er an diesem sonnigen Tag demonstrieren. Als man ihn danach fragt, ob er denn den Beamten dokumentieren würde, wie die Tat abgelaufen sei, stimmt er sofort zu.

In blauer Anstaltskleidung und einer Mütze auf dem Kopf sitzt er gelassen zwischen zwei Polizisten auf der Rückbank des Wagens des Staatsanwaltes und betrachtet genüsslich die Landschaft. Keiner im Fahrzeug redet ein Wort, bis der im Fond des Wagen sitzende Staatsanwalt seinen Fahrer fragt: „Sie kennen die Strecke und das Ziel unserer Reise?"

„Selbstverständlich, Herr Staatsanwalt", antwortet er auf die für ihn unverständliche Frage, da er Order hat, sich lediglich an die vor ihm fahrenden Fahrzeuge anzuschließen.

Über zwei Stunden dauert die Fahrt. Auf der Landstraße nach Berdyansk-Dnierovskaya wird Onoprienko plötzlich hellwach. „Genau hier war es", sagt er, und der Konvoi hält an.

„Nun mal langsam, Onoprienko", wendet sich der Staatsanwalt an ihn, der offensichtlich den Wagen verlassen möchte.

„Schon gut", wendet er ein und wartet ab.

„Lassen Sie die Straße jetzt sperren, und sichern Sie sie im Umkreis von 200 Metern hermetisch ab. Alle Männer gehen auf ihre Posten. Wenn es so weit ist, verständigen Sie mich."

„Jawohl, Herr Staatsanwalt", lautet die kurze Antwort.

Der Fahrer verlässt den Wagen und macht sich an seine Arbeit. Zunächst wird der Verkehr in beiden Richtungen gesperrt. Vor allem bei den Fahrern des Fernverkehrs stößt dies auf erheblichen Widerstand.

„Schon wieder Verkehrs- und Papierkontrolle?“, wollen sie wissen.

„Nein, keine Kontrolle“, beruhigen die Beamten die aufgebrachten Fahrer. „Sie können jetzt eine Pause machen, die Straße wird für zwei Stunden gesperrt.“

Die Lastwagen- und Personenkraftfahrer staunen nicht schlecht, als sie sehen, was sich nun auf der Straße abspielt. Die Männer der Miliz springen aus ihren Fahrzeugen und riegeln das Gelände weiträumig ab. Jeder von ihnen hält ein Schnellfeuergewehr oder eine Maschinenpistole im Anschlag. Eine Polizeistaffel mit Schäferhunden postiert sich an den neuralgischen Punkten. Dazwischen befindet sich die völlig leere Landstraße, die nur von blattlosen Alleebäumen eingegrenzt ist.

Die Autofahrer sind außer sich. Sie denken an ihre Termine, die sie einhalten müssen. Als der Staatsanwalt dies bemerkt, gibt er Order: „Lassen sie den Verkehr wechselseitig einspurig vorbeifahren. Sorgen Sie dafür, dass dies einigermaßen in Ordnung geht.“

Weiter befiehlt er seinem Fahrer, das Fahrzeug an die genaue Stelle des Tatortes zu fahren.

„War es hier?“, fragt der Staatsanwalt Onoprienko.

„Ja“, gibt er knapp zur Antwort.

„Stellen Sie den Wagen hier ab“, ordnet er an, und Onoprienko und die zwei ihn begleitenden Beamten verlassen das Fahrzeug.

Es ist 11.47 Uhr, als der Staatsanwalt mit der Tatortrekonstruktion beginnt.

„Sind Sie bereit uns zu zeigen, wie die Tat damals abgelaufen ist?“, fragt man Onoprienko.

„Ja, das habe ich doch schon mit ihnen besprochen“, erwidert er unwirsch.

Schnell wird Onoprienko von den Fernfahrern erkannt. Niemand von denen, die es gerade noch so eilig hatten, will seine Fahrt nun fortsetzen. Alle stoppen, und der Verkehr kommt endgültig zum Erliegen. Gespannt verfolgen sie die Szenen, die sich nun abspielen.

Nach einiger Zeit beginnt der Staatsanwalt mit der Befragung des Tatverdächtigen Onoprienko. Er zeigt auf das Fahrzeug, mit dem Onoprienko an den Tatort gebracht wurde, und sagt: „Stellen Sie sich vor, das wäre das Fahrzeug, das Sie überfallen haben. Der Wagen ist, wenn ich richtig informiert bin, dieselbe Marke. Erzählen Sie uns, wie das damals abgelaufen ist mit den fünf Insassen, die Sie getötet haben. War es genau an dieser Stelle?"

„Ich kann mich an diesen Tag noch sehr genau erinnern, es war genau an diesem Ort", bestätigt er und berichtet munter weiter: „Hier endete die Reise für die fünf Menschen. Ihr Ziel hatten sie erreicht. So wurden sie ungewollt zum Objekt meiner wissenschaftlichen Studien. Das war ihr Pech oder ihr Glück, ganz wie Sie wollen", schildert er ungerührt.

„Hatten die Insassen des Fahrzeuges eine Pause gemacht, oder warum hat der Fahrer den Wagen an dieser Stelle angehalten?"

„Ich habe eine Panne vorgetäuscht und ihnen mit den Händen gewunken.",

„Wie gewunken?", fragt der Staatsanwalt verblüfft.

„Na, wie man eben auf sich aufmerksam macht, wenn man eine Panne hat", erhält er zur Antwort.

„Die Männer waren sich offensichtlich ganz sicher", versucht Onoprienko zu erklären, „dass ein einzelner Mann keine Gefahr darstellt – trotz dieser ungewöhnlichen Zeit. Es war ja inzwischen dunkel geworden. Was sollte ein einziger Mann schon gegen sie ausrichten, dachten sie sich wohl. Das konnte man auch spüren. Ich glaube, sie waren von einer Sauftour zurückgekehrt. Jedenfalls konnte man den Alkohol sehr stark riechen, als der Fahrer die Scheibe herunterdrehte."

„Hatten Sie eine Waffe bei sich?", will man von Onoprienko wissen.

„Mein Gewehr hatte ich immer bei mir. Was hätte ich sonst gegen diese Überzahl an erwachsenen Männern ausrichten können?"

Der Staatsanwalt winkt einen der Polizisten herbei: „Bringen Sie uns die Gewehrattrappe, die ich vorbereiten ließ."

Man holt ihm eine circa 40 cm lange Papierrolle. Sie soll Onoprienko als Ersatz für seine Waffe dienen.

„Nehmen Sie, etwas Ähnlicheres hatten wir leider nicht", entschuldigt sich der Staatsanwalt.

Onoprienko nimmt den Ersatz für sein „Lieblingsinstrument", wie er einmal sein abgesägtes Schrotgewehr nannte, entgegen und schüttelt nur den Kopf. Unaufgefordert stellt er sich an das Fenster des Fahrers.

„Das Fenster war heruntergedreht, das sagte ich doch schon", klärt er auf.

Eilig dreht der Beamte die Scheibe im Fahrzeug herunter und fragt: „War es so weit heruntergelassen?", fragt er Onoprienko.

„Nein etwas weiter", stellt er kurz fest, worauf der Beamte das Fenster noch weiter nach unten kurbelt. Er schließt wieder die Türe und gibt Onoprienko den Platz frei.

„Stellen wir uns also vor, das Fahrzeug hat hier angehalten", sagt der Staatsanwalt. „Was haben die Männer zu Ihnen gesagt, als Sie das Fenster herunter gedreht hatten?"

„Hast du eine Panne oder können wir dich irgendwohin mitnehmen?", antwortet Onoprienko und fährt mit seinen Ausführungen bereitwillig fort.

„‚Nein, du nicht mehr, denn du trittst nun eine weite Reise an'", sagte ich ihm. Er konnte nicht verstehen und lachte, wie alle Insassen des Wagens. Als ich meine Waffe erhob, die ich unter dem Fenster versteckt hielt und ihn mit nur einem Schuss schwer verletzte, wusste er, was ich damit meinte."

„Hat sich der Mann nicht gewehrt?", will der Staatsanwalt wissen.

„Wie sollte er? Ich hob blitzschnell meine Waffe an seinen Kopf und drückte ab. Das Blut schoss in Strömen aus seinem Kopf, und das schockte offensichtlich seine Freunde. Sie saßen wie gelähmt in ihren Sitzen. Schauten mich alle mit großen Augen an. Niemand rührte sich von der Stelle."

„Gab es keinerlei Abwehrreaktionen der Männer?", fragt der Staatsanwalt nach.

„Was sollten die Leute tun? Sie sahen ihren Freund. Der Beifahrer schrie immer wieder und immer lauter: ‚So helft mir doch!' Aber niemand konnte ihm helfen, denn ich hatte meine Waffe längst auf ihn abgefeuert. Er sackte im Sitz zusammen. Dann war alles nur noch Routine."

„Was geschah dann mit den Männern auf der Rückbank?"

„Sie konnten nicht raus aus dem Fahrzeug. Es war ein zweitüriger Wagen. Was sollten sie also tun? Auf den Vordersitzen saßen ihre schwerverletzten Freunde, die wie verrückt schrien. Aussteigen konnten sie nicht mehr. Schon gar nicht mehr, als ich erneut auf sie schoss. Dann, glaube ich, waren sie wirklich tot. Sie gaben keinen Laut mehr von sich. Dafür schrien die Männer auf den Rücksitzen umso mehr, und dabei musste ich laut lachen."

„Wie kann man dabei lachen, wenn zwei Menschen ihr Leben verlieren?“, fragt der Staatsanwalt brüskiert.

„Na, das war schon lustig anzusehen. Dem Fahrer spritzte das Blut aus der Schläfe, seinem Beifahrer genau ins Gesicht.“

„Wie ging es dann weiter?“

„Plötzlich stieß einer, der auf dem Rücksitz saß, die Lehne des Beifahrers nach vorne, sodass sein verletzter Freund an das Armaturenbrett knallte. Er wollte sicher flüchten. Da habe ich auf ihn geschossen. Nun hing der Mann mit seinem ganzen Gewicht über dieser Lehne, und für die beiden anderen gab es keinen Fluchtweg mehr. Sie schrien immer wieder: ‚Lass mich am Leben!‘ Ja, sie bettelten ständig um ihr wertloses Leben. Das ärgerte mich sehr. Als einer wieder seinen Mund so weit aufriss, habe ich mit meinem Gewehr direkt auf seinen Mund gezielt und abgedrückt. Dann war auch er ruhig. Ich wollte die Sache nun beenden und tötete noch den letzten Überlebenden.“

Onoprienko macht eine Pause. Verwundert stellt er fest, dass die Beamten ihn nichts mehr fragen, und so erzählt er weiter: „Ich war sehr froh, dass diese Straße um diese Zeit sehr wenig befahren ist. Zum Glück kam kein anderes Fahrzeug vorbei.“

Onoprienko wartet auf die nächste Frage, doch sie kommt nicht.

Die umstehenden Beamten haben Mühe, ihren Zorn unter Kontrolle zu halten, während sie den Ausführungen des Angeklagten zuhören. Wer ihn dabei beobachten konnte, wie er seine gezielten Schüsse nachspielte, kann verstehen, dass diese fünf Männer keinerlei Überlebenschancen hatten. Sie alle denken an die Opfer und daran, welche Angst diese Männer durchleiden mussten.

„Haben Sie dann die toten Opfer ausgeraubt?", will der Staatsanwalt nach einiger Zeit wissen.

„Nein, nicht sofort. Ich wollte die Männer studieren. Als sie alle tot waren, habe ich die Wagentüre geöffnet und den Fahrer ein wenig zur Seite gedrängt. Ich habe mich auf den Fahrersitz gesetzt und bin losgefahren. Ich glaube, über viele Stunden sind wir so durch das Land gefahren. Immer wieder habe ich sie mir angesehen. Ich habe genauestens studiert, wie sie sich im Tode verhalten. Das war sehr interessant."

„Und als Sie Ihre Studien abgeschlossen hatten, wie ging es dann weiter?"

„Es war nicht mehr viel Sprit im Tank, dann bin ich an diese Stelle zurückgekehrt. Ich wollte noch ein wenig alleine durch die Nacht fahren. Ich wollte mich konzentrieren auf das Erlebte, nicht mehr in ihre Gesichter sehen müssen. Ihr Leben war zu Ende, meines noch lange nicht."

„Was haben Sie dann getan?", fragt der Staatsanwalt kurz.

„Ich sagte es schon. Ich wollte alleine weiterfahren. So zog ich einen der Männer nach dem anderen aus dem Auto. Sie dürfen mir glauben, das war nicht so leicht. Ich nahm mir ihre Geldbörsen aus den Taschen, denn sie brauchten sie nicht mehr. Viel kam dabei nicht heraus. Sie hatten wohl alles vertrunken an diesem Abend. Dann warf ich sie in den Straßengraben und setzte mich erneut an das Steuer."

„Wo fuhren Sie dann anschließend hin?"

„Zunächst musste ich alle Fensterscheiben des Wagens reinigen. Sie waren vollständig voll Blut. Doch in dem Kofferraum befanden sich genügend Tücher. So war dies alles kein Problem."

„Und das Blut im Wagen?"

„Das konnte man ja von außen nicht sehen. Was sollte es mich daher stören ... Ich fuhr dann die Landstraße entlang, bis ich an einen größeren Ort kam. Am Stadtrand ließ ich das Auto stehen. Ich guckte noch einmal in den Kofferraum, um zu sehen, ob sich darin ein mit Benzin gefüllter Ersatzkanister befand. Dann hätte ich noch ein Stück weiterfahren können. Aber der vorhandene Behälter war nur halb voll."

„Aber es hätte doch sicher noch für eine kleine Fahrt gereicht?"

„Sicher, aber plötzlich fiel mir ein, dass ich während der Fahrt keine Handschuhe getragen hatte. Ich dachte daran, dass man meine Fingerabdrücke am Lenkrad, sogar im ganzen Fahrgastraum des Wagens finden würde. Da beschloss ich das restliche Benzin nicht für eine weitere Fahrt zu verwenden. Ich wollte damit die Spuren verwischen. Ich goss das restliche Benzin in das Wageninnere und zündete es mit einem Streichholz an. Es gab einen mächtigen Knall, und mich warf es rückwärts auf den Boden. Wenn ich daran zurückdenke, glaube ich, dass ich mächtig Glück hatte, dass ich mich nicht selbst entzündet und verletzt habe."

„Das wäre aber schade gewesen", kommt ein Beamter nicht umhin, seine Meinung zu formulieren.

Onoprienko schockiert die Ukraine ein weiteres Mal

Am 24.4.1996 fährt man Onoprienko zu einem Tatort, den wohl keiner der beteiligten Beamten vergessen wird. Es ist kurz nach 11 Uhr, als er mit seinen unzähligen

Bewachern, bestehend aus Staatsanwälten, Miliz und Sicherheitsbeamten, das Grundstück eines kleinen Einfamilienhauses betritt. Ein Mitarbeiter der Staatsanwaltschaft hält mit einer Videokamera den gesamten Ablauf der Rekonstruktion des Tathergangs fest. Man gibt sich Mühe, genügend Beweismittel zu sammeln. Denn die Staatsanwaltschaft weiß aus bitteren Erfahrungen zu genau, dass die Aussagen und die Geständnisse der Täter oft widerrufen werden. So ist es äußerst wichtig für die Herren der Anklage, Aussagen des Beschuldigten zu sichern, die nur ihm selbst bekannt sein können. Diese Aussagen, in Verbindung mit der Obduktion der Opfer, gelten auch in der Ukraine als zuverlässiges Indiz für eine Verurteilung.

Onoprienko jedoch hat nichts abzuleugnen. Er will sich die Aufmerksamkeit der Staatsanwaltschaft mit den Berichten über die Taten förmlich erkaufen. Onoprienko, der Jäger der Finsternis, will seine Taten bereitwillig demonstrieren. Es ist der Geist des Bösen, der ihn lächelnd in die Kamera blicken lässt.

So verwundert es nicht, mit welcher makaberen Selbstsicherheit er diesen Tag genießt. Noch bevor man ihn befragt, stellt er sich vor eine laufende Kamera und beginnt zu erzählen: „Ja, genau da war es ... ach ja, die Geschichte mit dem Kind.“ Lapidar stellt er fest, dass sich nicht viel an dem Haus verändert hat. Er betrachtet den Garten und freut sich über die Blumenpracht.

Noch ist ihm nicht bekannt, dass man das Haus Stunden vorher hatte räumen lassen. Er fühlt sich in Sicherheit durch das mächtige Aufgebot der Miliz. Die Eltern eines Kindes, das Opfer des Serientäters wurde, hatte man vorab der Obhut des Dorfpfarrers übergeben. Und das war gut so. Eventuellen Tumulten der Dorfbewohner hatte man durch vorherige Aufklärungsgespräche vorgebeugt. So wurden die Bewohner des kleinen Ortes darauf hingewiesen, dass jegliche Aggression gegen den Täter mit aller gebotenen Härte geahndet werden würde. Für die meist bäuerlichen Bewohner des Dorfes war das zwar unverständlich, doch die Drohungen der Miliz hatten offensichtlich Wirkung gezeigt. In dem vorgegebenen Abstand beobachten sie die Szenerie. Still unterdrücken sie die Qualen der Erinnerungen.

Anatolij Onoprienko hat nur einen kurzen Blick übrig für seine Zuschauer. Zielstrebig schreitet er auf das kleine Haus mit dem gepflegten Vorgarten zu. Noch bevor die begleitenden Beamten die Gartentür öffnen können, gibt Onoprienko dem kleinen Tor mit dem Fuß einen gezielten Stoß, worauf es sich krachend öffnet. Die Beamten staunen nicht schlecht, als sie das Bedürfnis und die aggressive Zielstrebigkeit des Täters erkennen, dieses Haus erneut zu betreten. Man spürt es förmlich, er kennt sich hier aus. Wie ein Reiseführer des Todes deutet er mit gestrecktem Zeigefinger auf die Eingangstür des Hauses.

„Hier war es. Da bin ich mir ganz sicher."

„Haben Sie dieses Haus vorher schon einmal betreten?", fragt der Staatsanwalt routinemäßig nach.

„Natürlich, ich habe Ihnen doch schon gesagt, dass es das Haus ist, in dem ich meine Mission erfüllte, ja, erfüllen musste", antwortet Onoprienko fast trotzig.

„Sind Sie sich sicher?", bohrt der Staatsanwalt nach.

„Natürlich", antwortet Onoprienko und stützt seine Hände selbstsicher in die Hüften, als wolle er fragen: „Glaubt ihr mir etwa nicht?"

Der Beamte, an dessen linker Hand die Handschellen von Onoprienko gekettet sind, hat Probleme, ihn in Griff zu halten. Der Killer der Ukraine ist erregt. Er fühlt, man glaubt ihm nicht. Und das lässt ihn mächtig wütend werden. „Ich werde ihnen jedes Zimmer und jedes Möbelstück, das sich in dem Haus befindet, beschreiben – noch bevor wir es betreten. Vielleicht glauben Sie mir dann, dass ich dieses Haus schon betreten habe."

„Nun beruhigen Sie sich mal wieder, Onoprienko. Wir wollen nur sichergehen, dass Sie sich in Ihrer Feststellung nicht irren. Hier sieht doch ein Haus wie das andere aus. Da ist eine Verwechslung sehr leicht möglich", will der Staatsanwalt Onoprienko gerade beschwichtigen.

„Wir brauchen dringendst Verstärkung", ruft plötzlich ein Beamter des Sicherheitsdienstes dem Staatsanwalt zu. „Es kommen immer mehr Dorfbewohner. Wir können die Leute fast nicht mehr im Zaum halten. Sie wollen den Täter lynchen. Bitte rufen Sie die Miliz, sonst geschieht eine Katastrophe, Herr Staatsanwalt. Bitte handeln Sie schnell!"

Die herbeigerufene Miliz erkennt rasch, welch unbändiger Zorn sich unter den Dorfbewohnern zu entladen droht. Unübersehbar sind die mitgebrachten Holzprügel in den derben Händen der Bauern. Bedrohlich scheint die Situation zu eskalieren. Die alten Frauen des Dorfes, die sich zahlreich versammelt haben, schreien ihre Wut dem Täter entgegen.

„Gebt uns dieses Schwein", machen sie ihrem Unmut freien Lauf. „Wir werden ihn in Stücke reißen, dieses Untier. Wir werden diese Bestie vernichten, so wie er es mit unseren Angehörigen getan hat. Überlasst ihn nur uns, wir werden ihn ganz langsam töten. Er soll krepieren, dieses Schwein. Wie ein räudiger Hund soll er winseln, bis ihn der Tod erlöst."

Doch der aufgebrachten Menge gelingt es nicht, sich dem Serienkiller zu nähern. Eine Kette von Milizbeamten hat längst einen Sicherheitsstreifen um das Anwesen gezogen, in dem der Mord geschah. Auch wenn viele dieser Männer allzu gerne die Wünsche der Menge erfüllen würden, so haben sie doch ihren Befehl, die Sicherheit des Gefangenen zu gewährleisten, auszuführen.

Ängstlich verfolgt die Gruppe unter der Leitung des Staatsanwaltes das Geschehen vor dem Anwesen. Nur Onoprienko scheint die Situation völlig kalt zu lassen. Er würdigt die herumstehenden Dorfbewohner mit keinem Blick. Ungeduldig wartet er an der Eingangstür des Hauses, bis sie endlich geöffnet wird. Er betritt als erster einen kleinen Flur. Man erkennt sofort, er ist nicht zum ersten Mal in diesem Hause. Geradewegs geht er auf eine verschlossene Zimmertüre zu. Wortlos deutet er auf diese Tür, und die Beamten haben verstanden. Jeder in der Gruppe der Polizisten weiß nun, was ihn erwartet.

Ein unwiderstehlicher Zwang, es allen Anwesenden beweisen zu wollen, ist in Onoprienkos Gesicht geschrieben.

„Sie klemmt ein wenig“, klärt er die Umstehenden auf und öffnet sie schwungvoll. Er hat es offenbar eilig, als Erster das Zimmer zu betreten. Er blickt nach allen Seiten und stellt zufrieden fest, dass sich nichts verändert hat in diesem Raum. Noch immer steht alles an seinem angestammten Platz wie Monate zuvor.

Fein säuberlich hat man diesen Raum nach der Tat wieder aufgeräumt. Nichts sollte mehr an diese schreckliche Nacht erinnern. Dicht aneinander gedrängt ist eine Gruppe verschiedener Puppen auf einem kleinen Sofa angeordnet. Mit selbst geschneiderten Kleidchen bekleidet, warten sie förmlich darauf, von einem kleinen Mädchen liebevoll in den Arm genommen zu werden. Kleine holzgeschnitzte Herzen, rot von Hand bemalt, liegen zwischen vielen abgenutzten Märchenbüchern.

Makaber wirkend blicken kleine Teddybären von den vollen Wandregalen. Ein kleiner Kinderwagen ohne Inhalt steht noch immer unter dem Fenster, vor dem sich eine Gruppe Milizbeamter gruppiert hat, um das Geschehen in diesem Raum besser beobachten zu können.

„Ich sagte doch, ich kenne den Raum", betont Onoprienko selbstzufrieden und wartet ungeduldig auf die Fragen des Staatsanwaltes.

Doch der ist vor einem Bild stehen geblieben und betrachtet es sehr genau. Das Bild zeigt junge Eltern, die einem kleinen Mädchen gerade das Radfahren beibringen. Daneben andere Fotos des Kindes mit einem fröhlichen Kinderlachen.

Onoprienko ist neugierig geworden und stellt sich neben den Staatsanwalt und betrachtet gelangweilt die aufgehängten Fotos. Er kann offensichtlich nichts Ungewöhnliches dabei finden. Er begreift nicht, warum der Staatsanwalt diese so aufmerksam betrachtet und nicht mit ihm reden will.

„Ja, das war das Mädchen", ergreift nun Onoprienko die Initiative auf eine irgendwie wegwerfende Art, so als wolle er mit solchen Dingen nicht konfrontiert werden.

„Die ist schon lange tot", drängelt er förmlich darauf, nun endlich befragt zu werden.

Die Bilderwand weist aber auch große Blutspuren auf. Als der Staatsanwalt diese erblickt, hat er Mühe, sich zu beherrschen. Er kann erahnen, vom wem diese Flecken stammen.

„Haben sie das Mädchen mit einem Gegenstand getötet?", will der Staatsanwalt, sichtlich erbost, nun plötzlich von Onoprienko wissen.

„Wie meinen Sie das, Herr Staatsanwalt? Nein, mit einem Messer habe ich sie umgebracht, das wissen Sie doch", antwortet Onoprienko frech. Doch bevor er weiterberichten kann, lässt der Staatsanwalt Onoprienko ein circa 20 cm langes Holzstück übergeben. Auf das Sofa – die Puppen hatte man wohlweislich beiseite gestellt – legt man nun eine kindergroße Strohpuppe. Der Tatverdächtige betrachtet das Stück Holz und die Puppe. Er hat nur ein abschätziges Grinsen für die Gegenstände übrig.

Nun soll er den Tathergang mit dieser nachgebildeten Tatwaffe schildern.

„Haben Sie die Waffe, ich meine das Messer, selbst mitgebracht?“, will man von ihm wissen.

„Nein, ich habe mir das Messer aus der Küche geholt. Es war ungefähr so groß. (Onoprienko zeigt mit beiden Händen die Länge des Originalmessers mit circa 30 Zentimetern an.) Dabei streichelt er förmlich das Holzbrett, das er in der Hand hält. Die Kälte Onoprienkos irritiert die Beamten.

Währenddessen stehen immer mehr Beamte auf dem Grundstück und beobachten Onoprienko durch das geöffnete Fenster.

„Soll ich zeigen, wie es weiterging?“, fragt er, als würde er glauben, das Interesse seiner Zuhörer hätte nachgelassen.

„Ja, bitte“, antwortete ein Beamter, und Onoprienko schildert völlig gefühllos, was diesem Kind in diesem kleinen Raum widerfuhr. Als er spricht, betrachtet er das Bild des Kindes, das vor ihm an der Wand hängt. Niemand unterbricht ihn bei der makabren Schilderung des Tathergangs. Der Klang seiner Stimme lässt die Umstehenden zusammenschrecken.

„Das Mädchen – ich glaube, es war so zwölf bis dreizehn Jahre alt – lag mit dem Kopf in Richtung Fenster. Sie hatte wohl geschlafen, ist aber durch die Geräusche im Haus aufgewacht. Sie hat mich mit großen Augen angestarrt. Es konnte ja nicht wissen, was ich von ihr wollte. Ich sah nur, dass sie große Angst hatte. Sie sprach kein Wort. Blickte nur immer auf das große Messer. Ich habe dann zwei- oder dreimal zugestochen. Ich glaube, ja ich bin mir fast sicher, mit der linken Hand. Blut rann über ihren Körper. Ich kann mich aber an diese Kleinigkeiten nicht mehr so genau erinnern. Ich weiß nur, dass ich auf den Bauch gezielt habe. Da begann sie plötzlich zu schreien. Heute weiß ich nicht mehr, ob sie vor Schmerzen oder mehr vor Angst schrie. Das war mir auch völlig egal. Ich wusste, ich muss sie zum Schweigen bringen, bevor sie noch das ganze Haus rebellisch machen würde. Ich wusste ja zu diesem Zeitpunkt noch nicht, ob sich noch Leute im Hause aufhielten."

„Wissen Sie noch, wie oft Sie zugestochen haben?", will der Staatsanwalt wissen.

„Bis sie ruhig war, das ist doch klar", lautet Onoprienkos kurze Antwort. Dann fügt er hinzu: „Als sie völlig ruhig so vor mir lag, versuchte ich noch festzustellen, ob sie wirklich tot sei. Ich beugte mich zu ihrem Brustkorb und wollte hören, ob sie noch atmet. Aber dazu hatte ich zu wenig Zeit. So beließ ich es dabei. Da ich mir nicht vorstellen konnte, dass sich das Mädchen alleine im Haus befand, wurde ich plötzlich sehr unruhig. Ich bin mit dem Messer in der Hand weiter durch das Haus gegangen. Jedes der Zimmer dieses Hauses habe ich systematisch durchsucht, doch ich konnte niemanden finden."

„Was hätten Sie getan, wenn Sie die Eltern des Mädchens im Haus vorgefunden hätten?"

Onoprienko lacht und sieht dem Fragenden provokativ in die Augen. „Was wohl, ich hätte sie mit ihrem eigenen Messer niedergeschlachtet. Glauben Sie, ich hätte mich dabei erwischen lassen wollen, wo ich doch ihre eigene Tochter getötet habe?"

„Was haben Sie dann getan?"

Onoprienko antwortet ruhig: „Die ganzen Umstände gefielen mir nicht. Ich wurde unruhig. Eigentlich wollte ich mir noch einige Gegenstände aus dem Haus mitnehmen. Doch ich musste zunächst noch einmal nach dem Mädchen sehen. Ich musste wissen, ob sie auch wirklich tot ist." Dabei dreht sich Onoprienko noch einmal zu dem kleinen roten Sofa. Noch immer hält diese Bestie das Holzstück in den Händen und berichtet ohne jegliche Regung, was an diesem Tag weiter geschah: „Ich bückte mich zu dem Mädchen hinunter und horchte, ob ihr Herz noch schlug. Ich glaube, es hat nicht mehr geschlagen. Aber ich wollte mir ganz sicher sein. Da habe ich ihr noch einmal ganz gezielt direkt in das Herz gestochen. Denn erst dann konnte ich mir auch wirklich sicher sein, dass sie niemanden mehr rufen wird."

Die Beamten staunen nicht schlecht, als Onoprienko plötzlich mit einem Schwung ausholt und das Holzstück in die Strohpuppe rammt.

„Hören Sie auf. Sind Sie denn völlig verrückt geworden? Das genügt", schreit ihn der Staatsanwalt an.

„Sie wollen doch wissen, wie es war, nicht ich", gibt Onoprienko trotzig zu verstehen. Dabei zieht er das Holzstück langsam aus der Puppe.

„Wie oft haben Sie dann noch mit dem Messer auf das Mädchen eingestochen", fragt der Staatsanwalt nach einer Weile.

„Bis Sie endlich tot war. Jedenfalls bis ich mir dessen sicher sein konnte", ist seine an Eiseskälte nicht zu überbietende Antwort.

„Haben Sie dann das Haus sofort verlassen?", will er weiter wissen. Dabei hält Onoprienko noch immer die nachgestellte Tatwaffe in Händen. Niemand nimmt sie ihm ab, und das gefällt ihm.

„Nein. Ich wollte doch noch etwas, was vielleicht verwertbar wäre, aus dem Hause mitnehmen. Ich glaube, es war nur ein wenig Schmuck, den ich fand. Er war leider nicht viel wert."

Minuten vergehen und Onoprienko denkt offenbar nach.

„Da fällt mir ein, das Mädchen hatte Ohrringe. Man konnte sehen, dass sie nicht wertvoll waren. Aber so hatte ich wenigstens ein Geschenk."

„Für wen?", will man von ihm wissen.

„Na für mich. Die Mühen mussten sich doch ein wenig lohnen."

„Haben Sie dem Mädchen den Schmuck abgenommen?"

Onoprienko lacht laut auf und sagt: „Wo denken Sie hin? Es waren so Anhänger mit Verschluss. Zum Öffnen hatte ich keine Zeit. Ich nahm sie kräftig in die Hand, und mit einem Ruck waren sie ab."

Wortlos nehmen die Beamten Anatolij Onoprienko nun das Holzstück aus der Hand. Niemand spricht ein Wort. Nur er will noch einmal erzählen: „Das wollte ich noch sagen ... Es war sehr aufregend, als ich das Haus verließ. Als ich wieder auf der Straße war, sah ich ein Ehepaar auf das Grundstück zugehen. Sie drehten sich ständig um und winkten offensichtlich irgendwelchen Leuten hinterher. So konnten sie nicht sehen, aus welchem Haus ich kam."

Später stellte sich heraus, dass es die Eltern des Mädchens waren. Sie hatten den Großeltern, bei denen sie zu Besuch waren, zum Abschied zugewinkt.

Als man Onoprienko aus dem Vorgarten führt, erschrickt er förmlich und sucht Schutz bei den unzähligen Beamten. Er sieht die wütende Menschenmenge, die sich hinter der Straßensperre der Miliz versammelt hat.

Nun haben die Beamten es eilig, Onoprienko so schnell wie möglich zum Auto zu bringen. Als er wieder im Wagen sitzt und sich sicher fühlen kann, grüßt er die Menge mit einem Lächeln und einem zynischen, verhöhnenden Handzeichen.

Was dem Mädchen wirklich an diesem Tag widerfahren ist, weiß der Gerichtsmediziner, der das Opfer obduzierte: „Die Untersuchung, die wir vornahmen, spricht eine andere Sprache als die des Täters. Der Täter muss wie in einem wahren Blutrausch auf das Mädchen eingestochen haben. Sie wehrte sich offensichtlich sehr. Anders ist die Vielzahl der Wunden, besonders an den Händen und Armen, nicht zu erklären. Es gab fast keine Stelle am Körper des Mädchens, die keine Stichwunden aufwies. Der Täter stach sein Opfer selbst mehrfach in den Kopf. Auch die Beine des Mädchens waren von unzähligen Einstichen übersät. Weiterhin wies das Opfer Würgemale am Hals auf. Der Kehlkopf war gebrochen. Das Mädchen hat sicher noch lange nach dem ersten Einstich gelebt. Erst die Stiche ins Herz führten letztendlich zum Tode des Opfers. Es ist unvorstellbar, welche Qualen und unsagbaren Schmerzen dieses Kind zu erdulden hatte."

Ein ganzes Dorf nimmt Abschied von einem Mädchen

Ein alter Mann schlurft mit seinen ausgetretenen Hausschuhen durch die schmalen Straßen des Dorfes wie an jedem Tag. Er wartet Tag für Tag auf eine Ansprache, die er doch nicht erhält. Auch er hat die Schreckensmeldungen im Radio gehört, doch er will sie nicht verstehen. Er will nicht glauben, dass ein Mensch in dem Lande, in dem er lebt, zu solchen Taten fähig ist. Seine tägliche Reise endet an einer Bank am Dorfplatz, auf der er seinen alten Knochen etwas Ruhe gönnt. Er blickt zum kleinen Brunnen und erinnert sich an die Zeit, als die Frauen noch täglich Wasser für ihren Haushalt holten. Damals kam das Wasser noch frisch aus den gusseisernen Hähnen. Doch schon längst sprudelt aus dem Dorfbrunnen kein frisches Wasser mehr in den steinernen Trog. Schon als kleines Kind hat ihn dieser kleine, nun fast versiegte Wasserspender fasziniert.

In Gedanken versunken erinnert er sich gerne an die mächtigen Brunnen der Landeshauptstadt. Über vierzig Jahre fuhr er in diese Stadt zur Arbeit. Diese alten Brunnen haben ihn ein Leben lang beschäftigt. Immer wieder verglich er sie mit der Seele des alten und großen Russlands. Doch auch die monströs erbauten Wasserspiele der Stadt bleiben längst stumm, auch wenn es der alte Mann nicht wahrhaben will.

Die Nachbarn eines Hauses erinnern sich noch genau an den Tag, als das ganze Dorf von dem kleinen Mädchen Abschied für immer nahm. Ein nicht enden wollender Trauerzug zieht von der Kirche bis zum außerhalb des Dorfes liegenden Friedhof. Fassungslose Menschen, die mit den Eltern dieses Kindes mitfühlen. Sie können erahnen, was es heißt, das eigene Kind zu Grabe tragen zu müssen.

Schritt für Schritt zieht der Trauerzug dem kleinen Stückchen Erde näher, in dem der Leichnam des Mädchens begraben wird. Der Priester trägt ein Kreuz und betet leise vor sich hin. Die Eltern können den ergreifenden Worten des Geistlichen kaum folgen. Der Schleier, der die Gedanken umnebelt, macht sie taub.

Die Mutter zittert am ganzen Körper. Ihr Gesicht ist wie versteinert auf dem für sie längsten Weg ihres Lebens. Sie findet keinen Trost. Verzehrende Stille zeichnet ihr Gesicht, als man den kleinen Sarg mit ihrem Kind der Tiefe der Erde übergibt.

Mütter können unglaublich tapfer sein. Dieser stille Mut läuft in ihren Herzen, im Verborgenen ab. Sie sind in ihren Gedanken der Trauer nur bei dem verlorenen Kind. Sie versuchen den Schmerz zu ertragen und gehen dabei durch die Hölle. Denn sie müssen erst lernen zu begreifen: Mein Kind ist tot.

Grenzenloser Hass entwickelt sich gegen den Menschen, der ihnen das Liebste nahm. Denn die geballten Fäuste der Männer des Ortes sind kein Trost, nur Ausdruck der Verbundenheit der Familien. Ihre Worte sind hart gegen den Menschen, der ihnen dies alles angetan hat. Doch sie kennen ihn nicht, den Schlächter der Ukraine.

In der Abenddämmerung sitzen die Männer des Dorfes zusammen in der kleinen Kneipe in einer wodkageschwängerten Atmosphäre. Wut und Entsetzen hat ihre von Wind und Wetter durchfurchten Gesichter gezeichnet. Sie alle suchen nach einer Erklärung.

„Was ist aus dieser Ukraine geworden?", fragen sich die Männer. Die Geschichte des Landes ist alt und zugleich reich an Mythen und Sagen. Melancholische Träumereien und lebensvoller Realismus, zuweilen auch nationales Pathos, haben es einst gekennzeichnet. Doch in dem Maße, wie das ukrainische Volkstum seine Eigenständigkeit verlor, sind auch seine Musik und seine Lyrik ein Teil der sie umfassenden russischen Lebensart geworden. Die Ukrainer verfolgen zwar eine eigenständige Politik gegenüber Russland, ausgelöst durch den jahrelangen Streit um die Aufteilung der Schwarzmeerflotte und die staatliche Zugehörigkeit der Krim, der erst 1997 durch einen Grundlagenvertrag zwischen beiden Staaten geregelt wurde, doch aus der erstrebten nationalen Wiedergeburt ist nicht viel geworden.

Denn in diesem Land, das nach vorne zu blicken versucht, herrscht Korruption wie nie zuvor. Das berichtet die Presse. „Vielleicht ist das die Erklärung dafür, warum es solche Auswüchse in unserer Gesellschaft gibt. Die Strafen, die die Gerichte aussprechen, sind viel zu gering. Man darf sehr darauf gespannt sein, welche Strafe man für Anatolij Onoprienko parat hat. Wir hoffen alle, dass es die Todesstrafe ist. Was soll es auch sonst für eine Strafe für solch einen Menschen geben", meint ein ehemaliger hoher Offizier des Heeres.

„Man sollte ihn in einen Fleischwolf stecken und den Schweinen zum Fraß vorwerfen", ereifert sich ein älterer Dorfbewohner, und die anderen Männer nicken und geben ihm offensichtlich Recht.

„Man bedenke, wie lange unsere Polizei brauchte, um diesen Täter zu fassen. Das sagt doch wohl alles", wendet der Lehrer der nahe liegenden Stadt ein, und auch er erhält Zustimmung.

Doch die Bevölkerung macht es sich mit ihren Anschuldigungen gegen die ermittelnde Polizei zu leicht. Sie wissen nicht, wie schwierig es ist, einen Täter zu ergreifen, der sein Unwesen im ganzen Lande treibt. Verständlicherweise sucht zunächst die örtliche Polizei nach dem Täter. Unzählige Vernehmungen werden notwendig. Jede Person ist vorab zu überprüfen, die mit dem Opfer Kontakt hatte. Sie führen unendlich lange Ermittlungen durch, um den Täter schnellstmöglich zu ergreifen. Doch der schlägt längst in einem anderen Ort zu. Auch an diesem, vielleicht hunderte Kilometer entfernten Tatort ermitteln die zuständigen Beamten des

Ortes. Wie die Geschichte der Ermittlungen von Serientätern gezeigt hat, werden dabei viele Unschuldige festgenommen. Man ist sich sicher, den Täter gefunden zu haben. Dabei pirscht der Jäger des Todes weiter, in seinem unbestimmbaren Revier.

Serienkiller haben den Vorteil der Anonymität. Niemand kann sie dem Opfer zuordnen. Sie töten ohne Logik – willkürlich. Sie planen ihre Morde in der Regel nicht, und sie kennen ihr persönliches Risiko. Deshalb sind sie besonders vorsichtig und leben ihre Fantasien wie ein scheues, Menschen reißendes Tier aus.

Sie suchen nicht den Kampf. Sie sehnen sich nach körperlichen Angriffen, auf wen sie auch immer treffen. Sie sind nicht vergleichbar mit den Mördern, die aus Eifersucht und Habgier töten. Diese meist nur einmal tötenden Menschen werden oft sehr schnell hinter Schloss und Riegel gebracht. Doch der Killer ohne Motive, der nur um des Tötenwollens durch die Lande zieht, ist in jedem Kontinent dieser Erde sehr schwer zu fassen.

Die Verwirrungen seines Geistes spielen dabei eine große Rolle. Wer will sie ergründen? Der Schlüssel zum Verbrechen fehlt. Und ohne dieses Täterprofil tappen die ermittelnden Beamten meist im Dunkeln. Sie sind hilflos auf die Aussagen von Zeugen angewiesen, die allzu oft gerne etwas gesehen haben und die Folgen ihrer vermeintlichen Beobachtungen nicht einschätzen können. So kommen Unschuldige hinter Gitter und sehen die Freiheit erst wieder, wenn der tatsächliche Täter gefasst wird.

Nicht selten leiden Sereinmörder an einer paranoiden Schizophrenie. Ist ein Täter mit dieser Krankheit noch nicht auffällig geworden, wird man ihn auch nur sehr schwer finden.

Anatolij Onoprienko war auch nicht mit den modernsten Mitteln eines Täterpsychogramms zu fassen, zu oft befand er sich zwischen seinen Taten im Ausland. Er wechselte ständig seine Wohnsitze und hatte keine Freunde. Er war ein Einzelgänger, ein Globetrotter des Todes. Wo er Halt machte, mussten unschuldige Menschen, Frauen, Männer und Kinder durch die Hölle gehen.

Im Pakt mit dem Teufel löscht Onoprienko eine ganze Familie aus

Am 12.März 1997 holt die Staatsanwaltschaft unter der Leitung von Staatsanwalt Iwan Dobyschuck erneut Anatolij Onoprienko aus dem Gefängnis von Zhitomir zum Verhör. Diesmal verzichtet man auf die Tatrekonstruktion am Originalschauplatz. Onoprienko indes hat sich gefreut auf den neuerlichen Ausflug. Für ihn sind all diese Tatortbesichtigungen eine angenehme und gelungene Abwechslung im tristen Gefangenendasein. Verwundert stellt er jedoch bald fest, dass an diesem Tag keine längere Reise durch die Ukraine vorgesehen ist, sondern die Fahrt lediglich vor dem nahe gelegenen Gericht endet. Missmutig verlässt er den Transportwagen und besteigt die mächtigen Steintreppen zum Portal des ehrwürdigen Hauses. Er trägt Bein- und Armfesseln. Elf Mann der Miliz begleiten ihn. Niemand will ein Risiko eingehen. Onoprienko soll keine Fluchtmöglichkeit erhalten und die Zuschauer am Straßenrand keine Möglichkeit, sich an ihm zu rächen.

„Die Sicherheit des Täters wäre zu sehr in Gefahr", erklärt ein Beamter der Justiz.

„Nur ein paar Stunden im Leben dieses Menschen waren nötig, um ein ganzes Dorf in Angst und Schrecken zu versetzen. Ein paar Stunden, die ausreichten, um eine Familie zu zerstören und zu vernichten", mischt sich ein weiterer Polizist in das Gespräch ein.

Mittlerweile hat die Gruppe das Büro des Staatsanwaltes und dessen Mitarbeiters erreicht. Anatolij Onoprienko betritt mit zwei Bewachern den Raum. Ohne Zögern fragt er den Staatsanwalt: „Ich dachte, Sie wollen von mir ein Geständnis meiner Tat in diesem kleinen Dorf?"

„Das ist richtig. Setzen Sie sich auf diesen Stuhl", befiehlt er ihm. „Wir werden die Vernehmung heute in meinem Büro durchführen und nicht am Tatort."

„Warum?", entfährt es Onoprienko.

„Weil ich nicht das Leben meiner Mitarbeiter aufs Spiel setze. Übrigens gilt dies auch für das Ihre."

Ohne eine Antwort abzuwarten, beginnt der Staatsanwalt mit der Vernehmung zum Tathergang. Er will von ihm Details darüber wissen, was sich an jenem Tag zugetragen hat in diesem kleinen Haus in einem Dorf nahe der polnischen Grenze. Onoprienko hatte nicht nur das Ehepaar getötet, das im Haus war, sondern auch dessen Sohn. Dieser Junge wurde durch den Lärm der Schüsse, die zum Tode seiner Eltern führten, aufgeschreckt und stand plötzlich Onoprienko gegenüber.

Mit einer unbeschreiblichen Arroganz und Kaltschnäuzigkeit schildert Onoprienko nun seine Tat: „Es war schon Nacht, als ich mich in dieses kleine Dorf begab. Ich bin mit einem Anhalter mitgefahren. Als ich das Dorf von der Landstraße aus sah, bat ich den Fahrer anzuhalten. Während ich die Dorfstraße hinunterging, sah ich das kleine Anwesen. Es entsprach alles meinen

Vorstellungen. Es brannte noch Licht in einem Zimmer. Doch das war mir egal. Das Haus lag so versteckt, dass ich keine Angst haben musste, die Nachbarn könnten etwas bemerken."

Da zeigt ihm ein Mitarbeiter ein Bild eines bäuerlichen Anwesens.

„Genau, das war das Haus, das ich mir ausgesucht hatte", sagt er. „In der Dunkelheit der Nacht schlich ich mich zu dem beleuchteten Fenster. Als ich ein junges Ehepaar beim Fernsehen beobachtete, war mir sofort klar, dass hier etwas zu holen sei."

Onoprienko erklärt: „Das war doch klar, dass was zu holen war. Wer hat in dieser gottverlassenen Gegend schon ein Fernsehgerät und einen Videorekorder."

Onoprienko macht eine Pause. Selbstsicher blickt er in die Runde, als wolle er sich vergewissern, dass man ihm zuhört und glaubt.

„Wollten Sie nun in das Haus um einbrechen, um zu stehlen, oder war Ihnen zu diesem Zeitpunkt bereits klar, dass Sie die jungen Leute töten würden?", befragt man ihn.

„Das wusste ich zu diesem Augenblick selbst noch nicht. Ich wusste ja noch nicht einmal, wie ich in das Haus gelangen sollte. Als ich bemerkte, dass die Haustüre versperrt war, klopfte ich an das beleuchtete Fenster. Ich sah, wie sich das Paar erschreckte und der Mann sich behäbig von seinem Sessel erhob und zu dem Fenster ging. Ohne es zu öffnen, fragte er mich, was los sei und was ich hier wolle. Dabei konnte ich erkennen, wie groß und wie kräftig gebaut der Mann ist. Ich log ihm eine Panne mit dem Auto vor. Ich bin mir sicher gewesen, er hat mir geglaubt. Denn er deutete zur Haustür, und ich konnte sehen, wie er in dieser Richtung das Zimmer verließ."

„Hatten Sie keine Angst vor diesem kräftigen Mann?“, unterbricht man Onoprienko. Doch der hat nur ein Lachen für diese Frage übrig.

„Ich hatte doch mein Gewehr bei mir. Was sollte ich also Angst haben? Ich ging zum Hauseingang“, berichtet er weiter, „da hörte ich auch schon die Schlüssel im Schloss. Mein Gewehr hielt ich entsichert auf meinem Rücken, als sich die Türe öffnete und ein Riese von einem Manne im Rahmen stand. Ich wollte gerade erzählen, dass ich eine Panne hatte, doch dazu kam ich gar nicht mehr. Ich glaube, der Mann hat den Lauf des Gewehres gesehen. Er ging plötzlich auf mich zu und versuchte, mich mit seinen Pranken zu fassen. Doch wie von einem Blitz getroffen, fiel er nach hinten in den Flur, als ich den ersten Schuss abgegeben hatte. Ich wollte gerade noch einmal auf ihn zielen, als die Frau schreiend den Flur betrat. Sie fuchtelte aufgeregt mit den Armen und schrie fürchterlich. Sie kniete bei ihrem Mann und rief immer wieder seinen Namen. Sie nahm seinen Kopf in beide Hände und versuchte ihm aufzuhelfen. Als sie bemerkte, dass ihr Mann tot war, drehte sie sich zu mir und schrie mich an. Aber ich hatte keine Lust, mich anschreien zu lassen und schoss ihr in die Brust. Dabei fiel sie neben ihren toten Mann.“

„Waren die beiden sofort tot?“, will der Staatsanwalt wissen. „Das wusste ich auch nicht. Sie bewegten sich nicht und sie schrien nicht. Und das war das Wichtigste.“

„Haben Sie nicht nachgesehen?“

„Nein, dazu hatte ich keine Zeit, denn ich bemerkte, dass sich noch jemand in einem anderen Zimmer aufhielt. Plötzlich hörte ich die Stimme eines Kindes, das nach den Eltern rief, und ich musste mich ganz auf diese Person konzentrieren. Ich hörte, dass sich eine Zimmertür öffnete. Ich war sehr aufgeregt. Ich wollte nichts riskieren. Mein Gewehr hatte ich im Anschlag und wartete darauf, was nun geschah."

Die Beamten unterbrechen Onoprienko in seinen Ausführungen. Die mitlaufende Videokamera benötigt eine neue Kassette, die nachgelegt werden muss. Man lässt sich Zeit dabei. Offensichtlich ist den Beamten mulmig vor der weiteren Tatbeschreibung Onoprienkos. Jeder im Raum weiß, welch erschütternder Bericht nun aus dem Mund dieser Bestie folgt. Noch bevor der Staatsanwalt ihn bittet, weiter zu berichten, fährt er mit seinen Erzählungen fort: „Plötzlich, nachdem ich den Mann und die Frau erschossen hatte, stand mir dieser Junge am Flur gegenüber. Die Schüsse haben ihn wohl aus dem Schlaf gerissen. Als er seine Eltern blutüberströmt am Boden liegen sah, schrie er unentwegt. Was hätte ich sonst tun sollen, er war ein Zeuge, also schoss ich."

Was Onoprienko dem kleinen Jungen im Verlaufe des Geschehens angetan hat, sprengt alle Vorstellungen, selbst die der beteiligten Beamten, die sich bisher für abgebrüht hielten. Sie alle haben die Bilder des Jungen nach der Tat gesehen – wenn sie dazu überhaupt im Stande waren.

An diesem Tag stehen sie diesem Menschen gegenüber, der zu einer Gräueltat ohnegleichen fähig war. Sie müssen sich anhören, mit welcher Selbstverständlichkeit und Kaltschnäuzigkeit er diese Tat schildert und offensichtlich gerne darüber berichtet. So lautet die Originalübersetzung seiner Aussage des Polizeivideos: „Ich nahm meine Flinte und richtete sie auf den Jungen ..."

Dabei zeigt er, wie er in Cowboymanier das Gewehr an der Hüfte anlegte. Völlig ruhig berichtet er weiter, stets darauf bedacht, dass ihm jeder im Raum zuhört.

„... Als ich den ersten Schuss abgegeben hatte, staunte ich nicht schlecht über die Wirkung. Ich war sehr verblüfft. Dieser einzige Schuss hatte dem Jungen eine ganze Hälfte seines Gesichtes weggerissen. Ich habe mich wirklich sehr gewundert."

Dabei dreht sich Onoprienko zu dem anwesenden Staatsanwalt und zeigt ihm am Beispiel seines Kopfes, wie man sich die Wirkung des Schusses vorzustellen habe. Der Staatsanwalt hat der Obduktion des Leichnames selbst beigewohnt und die unvorstellbaren Verletzungen des Kindes mit eigenen Augen gesehen. Selbst dem erfahrenen Pathologen war ein solcher Fall von grauenhafter Verstümmelung eines Kindes noch nicht untergekommen. Oberhalb des Halses war nur noch eine Hälfte des Kinderkopfes vorhanden. Ein Auge war weit aufgerissen. „Ein schrecklicher Anblick", erinnert sich der Pathologe nur ungern.

Unwirsch fährt der Staatsanwalt Onoprienko an: „Berichten Sie gefälligst weiter!"

Ohne Zögern fährt Onoprienko mit seinen Ausführungen fort: „Der Junge sah mich mit seinem nur einen Auge an. Er fiel nicht um, er ist sogar lange Zeit auf den Beinen geblieben. Ich glaube, er hat geweint. Er gab immer so unverständliche Laute von sich. Sicher bin ich mir, dass er nicht nach seiner Mutter gerufen hat, sondern nach seinem Vater. Ich glaube, ich habe das Wort ‚Papa' verstanden, als er so unverständlich schrie. Ich hätte nie gedacht, dass ein Erwachsener solche Verletzungen überleben kann, geschweige denn ein Kind. Aber das Kind stand ganz lebendig vor mir. Das hat mich doch sehr gewundert."

Man unterbricht Onoprienko mit der Frage: „Positiv gewundert?" „Nein. Ich war nur sehr erstaunt, dass so etwas möglich ist. So ein kleiner Mensch steht noch auf den Beinen, obwohl der halbe Kopf fehlt. Und ich habe ihn wirklich nicht verfehlt. Die Hälfte war wirklich weg, das müssen Sie mir glauben."

Onoprienko sieht den Staatsanwalt fragend an, als wolle er eine Bestätigung von ihm, dass sein Bericht über die Tat richtig ist.

„Wie lange hat das Kind denn noch auf seinen Beinen gestanden?"

„Sie werden es nicht glauben, Herr Staatsanwalt, aber es war sehr lange. Mindestens fünf, wenn nicht zehn Minuten sind vergangen, bis er vornüber zu Boden fiel und sich nicht mehr rührte."

„Haben Sie dann das Haus verlassen?", will der Staatsanwalt wissen.

„Nein, natürlich nicht. Ich musste doch erst meine Studie fortsetzen. Ich habe den Jungen auf den Rücken gedreht und mir sehr lange die Verletzungen angesehen. Immer wieder fragte ich mich, wie dies alles möglich sei. Und dann war da noch die Mutter des Jungen. Sie war noch ziemlich jung. Ich fasste sie an, und sie war noch warm. Da habe ich sie ausgezogen und benutzt. Dann habe ich die Bettwäsche in Brand gesetzt und das Zimmer angezündet."

Wenige Tage nach dieser Aussage Onoprienkos, die in den Berichten der Presse zu lesen war, ist das kleine Dorf noch einmal in heller Aufregung. Man erinnert sich zurück an den schwersten Tag in der Geschichte dieses Dorfes.

Ein Bewohner erzählt: „Überall im Dorf konnte man das Bild sehen mit den drei aufgebahrten Leichen vor einem Wandteppich im Wohnzimmer der Familie. Das ganze Dorf war fassungslos über diese Bluttat. Wenige Tage nach der Tat zog ein riesiger Trauerzug zum Friedhof, der außerhalb des Ortes liegt. Nicht nur das ganze Dorf war auf den Beinen. Viele Menschen kamen aus den Nachbarorten und wollten dieser Familie die letzte Ehre erweisen. Alle tief gebeugt in Schmerz und Trauer."

„Sie haben sicher gelesen, dass man auf eine Tatortrekonstruktion in dem Hause, in dem das Verbrechen geschah, verzichtete, da das Risiko für Onoprienko zu groß gewesen wäre?"

Diese Frage an die Bewohner des Dorfes bringt die umstehenden Menschen in Rage.

„Ich bin außer mir vor Wut, wenn ich nur daran denke", sagt eine ältere Dame, und sie vertritt offensichtlich die Meinung fast aller Umstehenden. „Unsere Regierung und die Justiz des Landes hätte sich viel Geld gespart, wenn sie dieses Ungeheuer in unser Dorf gebracht hätten. Ich kann Ihnen sagen, nicht nur die Männer hätten ihre Sensen gewetzt für dieses Schwein. Die Beamten hätten keine Angst zu haben brauchen. Sie hätten diesen Onoprienko nur zu dem Grundstück führen und uns dann mit diesem Dämon allein lassen müssen. Wir hätten alles auf saubere Art und Weise erledigt. Man hätte keine monatelangen Gerichtstermine gebraucht. Er hätte niemals mehr auf unsere Kosten im Gefängnis gesessen."

„Wissen Sie", versucht ein junger Mann zu erklären, „ich habe auch ein Jagdgewehr. Ich hätte ihm auch eine Hälfte des Kopfes weggeschossen, wie er es bei dem kleinen Jungen getan hat. Dann hätte er an sich selbst studieren können, was ein Mensch dabei fühlt, wenn ihm dies widerfährt. Sie können sicher sein, dass ich dies getan hätte, und ich hätte den Richter erleben wollen, der mich dafür bestraft."

„Ich bin mit der Familie verwandt", mischt sich ein älterer Mann ein. Man merkt ihm an, dass er sich bemüht ruhig zu bleiben. „Ich habe hautnah miterlebt, welches Unglück er über unsere Familie gebracht hat. Noch immer bin ich fassungslos über den traurigen Abschied. Was ich ihm wünsche? Fragen Sie mich nicht. Ich bin kein solches Scheusal wie diese Kreatur. Diese Frage kann ich Ihnen in meinem Schmerz nicht beantworten. Wenn Sie den kleinen Jungen aufgebahrt hätten sehen können, Sie würden mich sicher verstehen. Wie wollen Sie einen Menschen bestrafen, der gar keiner ist? Ich werde zur Verhandlung gehen und ihm in die Augen schauen, diesem gnadenlosen Tier."

Weinend und immer wieder seinen Kopf schüttelnd, verlässt der Mann das Gespräch.

Onoprienko schreibt eine Symphonie des Schreckens

Kaum ist die schrille Glocke, die die Frühstücksausgabe ankündigt, verklungen, als sich die schwere Zellentüre des bestbewachten Gefangenen der Strafanstalt Zhitomirs knarrend öffnet. Anatolij Onoprienko stellt seine blecherne Kaffeetasse zur Seite und wartet auf den Befehl des eintretenden Wachbeamten.

„Fertig machen, Onoprienko", vernimmt der Gefangene.

„Machen Sie sich fertig", wiederholt der Beamte in unüberhörbarem Befehlston. „Sie werden in Kürze von der Staatsanwaltschaft abgeholt."

„Darf ich mein Frühstück zu Ende essen? Oder soll ich sofort mitkommen?", will Onoprienko an diesem Tag ziemlich kleinlaut wissen.

„Ich sagte ‚Fertig machen', und das meine ich auch so".

Er hat wohl längst erkannt, wie er sich den Gefängnisbeamten gegenüber zu verhalten hat. Onoprienko schätzt die Stimmung der Beamten täglich neu ein. Längst hat er verstanden, in ihren Mienen zu lesen, denn er hat erkannt, wie wichtig diese Menschen für seine Zukunft sind. Er sieht den grenzenlosen Hass, der gegen ihn gerichtet ist, doch auch das Interesse an seiner Person.

Es ist der 30.08.1996, ein heißer Sommertag in der Ukraine. Wieder einmal fährt man Anatolij Onoprienko zu einem Tatort, um seine Verbrechen rekonstruieren zu können. Wieder einmal gelingt es ihm, seine Rache an der Menschheit demonstrieren zu dürfen. Er genießt seine unmenschliche Rache an den von ihm verhassten unschuldigen Opfern. Die gesamte Bevölkerung dieses Landes ist schockiert, völlig ausgeliefert einer Bestie, wie es sie nur einmal gibt. Keiner kann verstehen, wozu dieser Täter fähig war. Meist wortkarg nehmen die Ukrainer die Schicksalsschläge des alltäglichen Lebens hin, denn ihre Wutausbrüche verstummen in der Einsamkeit der Ohnmacht.

Und so fährt man diese ungeheuerliche Bestie durch das Land, seine ungeliebte Ukraine. Obwohl er an Händen und Füßen gefesselt ist, grinst er. Er fühlt sich wohl, so als wäre er zu einem Betriebsausflug eingeladen worden. Der Hass der Beamten, die ihn auf seinen Reisen begleiten, nimmt immer größere Ausmaße an. Wer die täglichen Berichte der Tagespresse verfolgt, kann das verstehen. Da heißt es: „Niemand weiß, wie viele Menschen Onoprienko getötet hat! Zwölf Kinder hat er getötet – oder waren es mehr? Wird man je das Ausmaß seiner Lust am Töten ergründen können? Wahllos ließ er Leichen an den Orten zurück, die er aufsuchte."

Heldenhaft versucht Onoprienko zu wirken, wenn er überall von seinen Gräueltaten berichtet. Wieder einmal sonnt er sich an diesem Tag in den Erinnerungen des Unvorstellbaren. Für die Beamten, die ihn zu den Rekonstruktionen seiner Abscheulichkeiten begleiten und ihn beschützen müssen, sind es Tage des Grauens. Wieder einmal ist ein Tag angebrochen, an dem es gilt, Onoprienko seiner Taten zu überführen. Noch einmal gilt es Ruhe zu bewahren, obwohl das Herz der Begleiter zu zerspringen scheint.

Nur die Polizei und die Staatsanwaltschaft wissen, wie die Opfer aufgefunden wurden. Nur ihnen ist bekannt, welche Verletzungen dem Opfer zugeführt wurden – ihnen und dem Täter.

Ein riesiges, für die Ukraine wohl einmaliges Aufgebot an Sicherheitskräften, Beamten der Staatsanwaltschaft, der Sicherheitspolizei und der Miliz ist notwendig, um diese erneute Tatrekonstruktion durchführen zu können. Diesmal müssen sowohl Anatolij Onoprienko als auch die Beamten vor eventuellen Übergriffen geschützt werden.

Bei jeder Tatortbesichtigung fällt auf, wie der Täter die geschockten Blicke der anwesenden Zeugen genießt. Die versteinerten Gesichter der vielen Beamten sprechen Bände, wenn sie Zeugen werden, wie er über seine Taten berichtet und sein mörderisches Handwerk demonstriert. Niemand kann verstehen, warum das Schicksal für manche Menschen so grausam sein kann.

Freizügig hat Onoprienko darüber berichtet, wie er junge Frauen erschoss und erschlug, wie er sie mit einem Messer tötete, als wäre es die natürlichste Sache der Welt.

Diese Menschen können sich nicht mehr gegen das Böse wehren. Ihre Leiber mussten erdulden, was mit ihnen geschah. Sie mussten über sich ergehen lassen, was sie sich in ihren schlimmsten Albträumen nicht vorstellen konnten. Wehrlos waren sie den Machenschaften einer Bestie ausgeliefert. Sie warteten in unsäglichem Schmerz auf ihren Tod und wollten doch nur eines, nämlich leben.

Der Konvoi von Dienstfahrzeugen macht sich auf den Weg in den Osten des Landes. Ein kleines Dorf ist das Ziel der Reise. Den begleitenden Beamten ist nicht wohl bei dieser Fahrt. Immer wieder betrachten sie Onoprienko, dem man zum Schutz vor Übergriffen diesmal eine schusssichere Weste angezogen hat. Die meisten Sicherheitsbeamten beneiden ihn und hätten die Jacke wohl lieber selbst am Leib getragen.

Nach über zwei Stunden Fahrt ist das kleine Dorf erreicht. Der Konvoi bleibt am Dorfrand stehen. Nur ein privates Fahrzeug fährt zu dem Anwesen, in dem die Tat geschah. Man will sichergehen, dass sich keine Menschenmenge vor dem Haus versammelt hat.

Doch offensichtlich ist es gelungen, den Termin der Tatrekonstruktion geheim zu halten. Längst sind die Männer des Ortes zur Arbeit gefahren. Nur einige Frauen sind auf der Dorfstraße zu sehen. Ein Bus mit mindestens 40 Beamten wird als Vorhut losgeschickt, um das Anwesen abzusichern. Dann erst bringt man Onoprienko an die Stätte des Grauens.

Lässig betritt er das kleine Grundstück. Vor dem Haus hatten die Eigentümer eine kleine Holzveranda angebaut. Es sollte ein Platz der Entspannung sein. In Wirklichkeit wurde sie zum Schauplatz des Schreckens.

Onoprienko verhält sich völlig ruhig, als man ihn zu diesem Vorplatz des Hauses führt. Er genießt wieder einmal die Aufmerksamkeit der Anwesenden. Er erfreut sich offensichtlich am Entsetzen seiner Begleiter. Man gibt ihm die Attrappe eines Holzgewehres, damit er den

Begleitern demonstrieren kann, von welcher Stelle er seine Opfer erschossen hat. Lässig nimmt er sie in die Hand und zeigt an die Stelle, an der er sein Opfer angetroffen hat.

„Hier stand die Frau. Direkt an der Haustür."

Dabei nimmt er die Attrappe in die Hand und deutet auf die besagte Stelle. Ein Beamter wird gerufen, um eine mitgebrachte, menschengroße Strohpuppe herbeizuholen. Der Beamte stellt sie an die angegebene Stelle.

Onoprienko ist vollauf darauf konzentriert, sein „Gewehr" in die richtige Stellung zu bringen. Er führt es zur Hüfte und hält den Schaft in Richtung der Puppe.

„Als ich die Frau sah, habe ich sofort auf sie geschossen. So wie jetzt, direkt aus der Hüfte. Sie hatte einen Säugling auf dem Arm, doch das störte mich nicht. Als dieser durch den Sturz der Mutter zu Boden fiel, weil die Mutter von der Kugel getroffen war, tötete ich auch diesen Säugling mit nur einem einzigen Schuss."

Einer der Beamten kommt um die Frage nicht herum: „Wie kann man einen Säugling töten?"

„Ganz einfach: durch einen gezielten Schuss – oder durch einen Stich mit dem Messer mitten ins Herz. Das überlasse ich ihrer Fantasie."

Noch einmal betrachten die Beamten die Bilder, die nach der Tat aufgenommen wurden. Sie sehen die tote Mutter und den weit geöffneten Mund des Säuglings an ihrer Brust. Ein Bild wie aus Kriegstagen.

Für Anatolij Onoprienko ist das Thema mit dem Säugling beendet. Er berichtet nun, wie sich das Opfer verhalten hat, als es ihn sah und spricht über dessen Reaktionen. Offensichtlich für alle durchlebt er die Situation des Tattages nochmals.

Immer wieder bestätigt er, dass die junge Frau auf dieser Holzterrasse stand, als er feuerte.

„Doch leider war sie nicht gleich tot. Ich muss sie wohl nicht richtig getroffen haben. Das ärgerte mich sehr. Denn ich wollte doch keinen unnötigen Lärm machen in diesem kleinen Dorf. Ich sah nur, dass sie sich an den Leib fasste und mich mit großen Augen ansah."

„Hat diese Frau denn nicht um Hilfe geschrien?"

„Nein, ganz sicher nicht, sonst hätte ich sofort noch einmal geschossen. Nur damit sie ruhig ist."

„Wie verhielt sich die Frau dann?", will eine Staatsanwältin von Onoprienko wissen. Bewusst vermeidet sie das Wort Opfer.

„Sie lief noch in das Haus. Nein besser, sie schleppte sich hinein. Wollte sich wohl vor mir verstecken. Da bin ich auf die Terrasse gegangen. Dort lehnte ein Spaten an der Hauswand. Ich nahm mir den Spaten und rannte ebenfalls in das Haus."

Da schaltet sich die Staatsanwältin noch einmal ein und fragt ihn: „Was wollten Sie denn mit dieser Schaufel? Sie hatten doch ein Gewehr bei sich?"

Onoprienko überlegt nur kurz und sagt: „Ich wollte auf keinen Fall, dass man noch mehr Schüsse hören könnte. Das sagte ich ja schon. Ein Spaten tötet leise, und viel brauchte die Frau ja nicht mehr, um still zu bleiben. Daher war es gar nicht mehr nötig, weitere teuere Munition zu verpulvern."

„Was haben Sie dann getan?"

„Ich lief in das Haus und suchte nach ihr. Doch ich musste sie nicht lange suchen. Sie lag am Fußboden im Wohnzimmer. Sie wimmerte so furchtbar, und das ging mir auf die Nerven. Ich wollte, dass sie ruhig ist."

Onoprienko betritt das Haus und geht auf ein kleines Zimmer im Erdgeschoss zu. Die Beamten folgen ihm. Nur die Staatsanwälte und die leitenden Ermittlungsbeamten haben Platz in dem kleinen Raum.

Onoprienko wartet nicht auf weitere Fragen und fährt fort: „Dann habe ich den Spaten genommen ..."

Die Staatsanwältin unterbricht ihn: „Warten Sie, wir holen die Strohpuppe und einen Spaten her."

Man holt die Strohpuppe von der Terrasse und gibt Onoprienko einen „Spaten", dessen Klinge aus Pappe gestaltet ist. Er zeigt sich überrascht, wie gut alles vorbereitet ist. Onoprienko legt die Gewehrattrappe auf das Sofa und umfasst den Spaten mit beiden Händen.

Ein Beamter nimmt die Strohpuppe und fragt Onoprienko: „Wo haben Sie die junge Frau dann gefunden? Zeigen sie es mir."

Onoprienko muss nicht lange überlegen. Seine Antwort kommt spontan.

„Hier vor dem Sofa hat sie gelegen. Sie hat sich so zusammengekrümmt und gejammert, als sie mich sah. Ich weiß auch nicht warum", sagt er mit einer unglaublichen Ironie in der Stimme.

„Was haben Sie dann mit diesem Opfer gemacht?", will die Staatsanwältin wissen, während sie das Polizeifoto, das man beim Auffinden des Opfers gemacht hat, mit zittriger Hand betrachtet. Es ist dieselbe Stelle, dasselbe Zimmer in diesem Haus, in dem der Täter den Tathergang beschreibt.

„Ich sah, dass die Frau Angst vor mir hatte, als sie mich mit dem Spaten vor sich sah, sehr große Angst sogar. Das gefiel mir. Aber sie schrie nicht, sie hat nur immer gejammert. Ich dachte, dass sie große Schmerzen hat, da sie sich ständig an die Einschussstelle fasste. Der Schuss alleine reichte wohl nicht aus, um diese Frau zu töten. Ich überlegte, wie ich sie töten sollte. Dass Sie sterben musste, war für mich klar. Aber wie? Schießen wollte ich nicht mehr, und ein Messer fand ich in der Eile nicht. Was sollte ich also tun? Ich hatte ja den Spaten. Noch immer lag sie auf der Seite. Plötzlich ganz ruhig. Sie wollte sich wohl tot stellen, doch ich merkte, dass sie noch lebte. Immer wieder sah sie mich von der Seite an. Glaubte wohl, ich würde sie in Ruhe lassen. Aber das konnte ich doch nicht."

Dabei nimmt er den „Spaten" und hebt ihn in die Höhe. Onoprienko spürt das Entsetzen seiner Begleiter. Er will demonstrieren, wie die Tat aus seiner Sicht ablief und fährt fort: „Als die Frau so da lag, beschloss ich, sie mit dem Spaten in der Mitte ihres Körpers auseinander zu teilen. Ja, genau in der Mitte, so beim Bauchnabel ungefähr. Doch als sie den Spaten in der Höhe und über sich sah, begann sie plötzlich zu schreien. Sie versuchte den Hieben mit dem Spaten auszuweichen. Aber nur bei den ersten Schlägen versuchte sie sich noch zu wehren. Je mehr sich ihr Körper teilte, umso ruhiger wurde sie."

Es ist still in diesem Raum, als Onoprienko immer wieder auf die Strohpuppe einschlägt.

„Fast hätte ich vergessen", fällt Onoprienko dabei ein, „sie habe ich nicht angerührt, obwohl sie noch jung war. Aber ich glaube, ich habe mit dem Spaten nicht immer richtig getroffen. Die Därme quollen aus ihrem Leib und das Blut floss in Strömen. Ich muss sie wohl einmal am Kopf getroffen haben, denn das ganze Gesicht war blutverschmiert. Der Körper der Frau war unansehnlich und nicht gerade einladend. Fast eklig. Das wollte ich dann auch nicht."

Ein Beamter der Miliz nimmt Onoprienko wütend den „Spaten" weg, den ihn noch immer wie eine Trophäe hält. Er legt ihm ein zweites Paar Handschellen an, vielleicht ein wenig eng, denn Onoprienko protestiert lautstark. Doch keiner der Beamten nimmt dies zur Kenntnis, und Onoprienko ist wütend.

Wenn man das Polizeifoto vom Tatort mit den Ausführungen Onoprienkos vergleicht, kann man erahnen, wie oft er mit dem Spaten auf diese Frau eingeschlagen hat. Der Körper der jungen Frau wurde bis auf wenige Zentimeter in zwei Teile getrennt. Wenn man ihn bei der Demonstration beobachtet, hat man das Gefühl, er würde es gerne ein zweites Mal tun. Unaufgefordert fährt er mit seiner Schilderung des Tatablaufes fort.

„So wie die Frau dalag, in zwei Hälften geteilt, das gefiel mir. Man konnte alle Innereien sehen. Ich habe dabei eine große Erkenntnis über den menschlichen Körper gewonnen. Es ist leicht, einen menschlichen Körper zu durchtrennen. Doch sich dann die Zeit zu nehmen, alles zu analysieren und zu verstehen, ist viel schwieriger. Schade, dass keine der Frauen, die ich tötete, schwanger war. Das hätte mich fasziniert ... Ich hätte es für sie geboren. Ich hätte dem Ungeborenen das Leben eingehaucht und es, wenn auch nur für kurze Zeit, zum Leben erweckt. Ich denke, ich hätte das Leben dieses Ungeborenen mir selbst geschenkt. Als eine Ausgeburt des Bösen. So wie ich dem Bösen gehöre."

Dies ist die schreckliche Tatbeschreibung Onoprienkos, die er auch unumwunden vor Gericht wiedergibt. Viele der Zuhörer im Gerichtssaal brechen in Tränen aus, als sie diese Aussage hören.

Ob er seine Opfer erschoss, erwürgte, erstach oder mit der Schaufel erschlug – Onoprienko demonstrierte alles bereitwillig. Und ohne Gefühlsregung. Seine Demonstrationen der Tatabläufe wurden zu Dokumenten des Grauens.

Der Drang zu morden verzehrte ihn und steigerte sich, angetrieben von der gierigen Besessenheit, alles zu vernichten, was ihm in die Quere kam. Seine Massaker folgen immer demselben Muster. Onoprienko stürmt abgeschiedene Häuser noch vor dem Morgengrauen, treibt die Familienmitglieder zusammen und tötet sie auf grauenhafte Weise. Er schwelgt zunehmend in den Fantasien, aus unbändigem inneren Hass heraus gegen alles, was er nie erleben durfte. Familiäre Geborgenheit, elterliche Liebe – das hatte er selbst nie erfahren.

Seine grauenhafte Blutspur zieht sich wie ein roter Faden über das ganze Land. In Zhitormirskaya tötet er zum ersten Mal. Seine ersten Opfer sind ein Forstwirtschaftslehrer namens Zaichenko, dessen Ehefrau und die gemeinsamen zwei kleinen Söhne. Nur wenige Tage später sucht er die Familie Kryuchkov heim. Auch hier löscht er eine ganze Familie aus. Vier Menschen müssen an diesem Tag auf bestialische Weise ihr Leben lassen. Um die Spuren seiner Tat zu verwischen, zündet er das Heim der Familie an. Onoprienko muss fliehen. Ein Passant namens Malinsky beobachtet ihn bei der Tat. Um sich seiner Identifizierung zu entziehen, streckt Onoprienko den Zeugen auf offener Straße nieder.

Die beiden Geschäftsleute Dolinin und Odintsov sitzen in ihrem Wagen außerhalb von Energodar Zaporozhskaya fest. Sie hatten eine Panne und warten auf Hilfe. Als der Killer die beiden sieht, erschießt er sie, um sie dann auszurauben. Nun hat er ihr Geld, ihren Schmuck und das Auto. Die Leichen wirft er in den Straßengraben.

Noch in derselben Nacht gibt es weitere Opfer im nahe gelegenen Vasilyevka-Dnieprorudny, eine Fußgänger namens Garmasha und den Polizisten Pybalko. Auch hier streckt der Täter die beiden mit mehreren Schüssen aus seinem Schrotgewehr ohne Vorwarnung und ohne ersichtlichen Grund nieder.

Auch drei andere Männer erleben den darauf folgenden Tag nicht. Sie parken nur kurz an der Landstraße nach Berdyansk-Dnieprovskaya. Sie wollen sich ausruhen und fallen dem gnadenlosen Killer in die Arme. Wieder schießt er ohne Vorwarnung, tötet und beraubt sie.

In Fastova/Kievskaya tötet Onoprienko eine 28-jährige Krankenschwester, ihre beiden Söhne und einen Bekannten. Die junge Frau wird vor den Leichen des Freundes und ihrer beiden Söhne auf abartige Weise vergewaltigt. Erst dann darf die Schwerverletzte sterben. Onoprienko „erledigt" das mit einem gezielten Stich in das Herz der jungen Frau.

Als Nächstes muss die Familie Dubchak in ihrem Haus in Olevsk ihr Leben lassen. Bei diesem Überfall erschießt der Täter Vater und Sohn. Die Mutter und die Tochter erschlägt er mit einem Hammer. Sie werden bis zur Unkenntlichkeit entstellt.

Auch die Familie Bodnarchuk in Malina Lvivskaya entgeht dem Killer nicht. Onoprienko erschießt zunächst die Eltern, anschließend schlägt er die Kinder mit einer Axt in Stücke.

Noch am selben Tag, nur wenige hundert Meter entfernt, überfällt er erneut eine Familie. Gnadenlos metzelt er sie nieder und verstümmelt die Leichen.

Onoprienko fällt in einen Blutrausch ohnegleichen. Seine Taten werden immer brutaler und der Zeitraum zwischen den Taten immer kürzer. Er tötet, vergewaltigt und schändet die auf grauenhafte Art entstellten Leichen. Er schreckt vor nichts mehr zurück. Gnade kennt er nicht. Um seiner Verlobten Schmuck mitbringen zu können, schneidet er seinen Opfern die Finger ab. Ohrringe reißt er einfach ab. Meist werden die Opfer – selbst bei eisiger Kälte – barfuß aufgefunden. Was er an Beute findet, nimmt er an sich. Spielsachen, Videorekorder und elektrische Geräte, mit Blut erkauft, werden zu Geschenken auf dem Gabentisch seiner „Lieben".

Sein „Jagdgebiet" weitet sich immer mehr aus. Nach seiner wehrlosen „Beute" sucht er inzwischen ziellos im ganzen Land wie ein reißendes Tier. Es gelingt ihm, ein ganzes Land zu terrorisieren und in Angst und Schrecken zu versetzen. Seine Mordserie schockiert die Bevölkerung in einem Maße, dass ein Aufschrei des Entsetzens bis in die Hauptstadt des Landes hallt.

Ein Dorflehrer erinnert sich

Welche Rolle Anatolij Onoprienko gerade spielt, in welchem Film er sich gerade fühlt, niemand weiß es genau. Was der Wahrheit entspricht, sind seine Taten.

In dem kleinen Dorf Bratkovichi nahe der polnischen Grenze schlägt der Mörder Onoprienko besonders brutal zu. Kurz vor der Jahreswende 1995/1996 ermordet er hier in nur zwei Monaten insgesamt zwölf Menschen, darunter drei Kinder. Anschließend setzt er die Häuser in Brand.

Der Dorflehrer Wladimir Stepanowitsch wurde Zeuge und hörte die tödlichen Schüsse vom 12. Dezember 1995. Heute noch erinnert er sich: „Ich stand an dem kleinen Bahnhof und habe mich mit einem Bekannten unterhalten. Plötzlich hörten wir ‚Baff, Baff', mit einem riesigen Echo. Doch keiner von uns beiden wusste, was das war. Erst später sagte man uns, dies waren die ersten Schüsse des Mörders, der zwölf Menschen in unserem Ort getötet hat. Immer wieder muss ich daran denken, dass dieser Killer im selben Zug wie wir mitfuhr. Ich habe ihn nicht bewusst wahrgenommen, doch ich kann einfach nicht vergessen, dass er mir im Zug gegenüber gesessen haben könnte."

„Was haben Sie damals gedacht?", fragt man ihn.

Er zieht die Schultern in die Höhe: „Was denkt man schon, wenn man einen Schuss hört. Wer denkt denn da an ein Verbrechen. Ich dachte, die Jagdsaison sei eröffnet worden und jemand schießt auf die Wildhasen. Das ist doch bei uns in der Gegend ganz normal."

An keinem anderen Ort der Ukraine brachte Onoprienko so viele Menschen um wie in Bratkovichi. Die Morde haben seither das Leben in dem 3000 Seelen zählenden Dorf verändert.

Fast jeder hier kennt die Toten, war mit ihnen befreundet oder verwandt. Auch drei Jahre nach dem blutigen Winter können viele Bewohner noch nicht vergessen. In dem einzigen Friedhof des Ortes wurden die Toten bestattet. Die Gräber der Opfer werden fast täglich besucht – nicht nur von Verwandten.

Die Menschen denken häufig zurück an den Tag, an dem ihre Lieben zu Grabe getragen wurden. Sie sehen ihre Bilder verewigt in den Grabsteinen. Noch immer hoffen sie darauf, dass sie auch in Zukunft die Kraft haben werden, den Schmerz der Trauer zu ertragen und den Sinn dieses unnötigen Leidens verstehen zu lernen. Das wahnwitzige, für sie nicht nachvollziehbare Töten hat sich als festes Bild in ihre Herzen eingeprägt. Sie suchen Trost in der Trauer, die sie doch niemals finden können. Sie pilgern fast täglich an die Gedenkstätten, die ihren Schmerz unvergessen werden lässt.

So sieht man eine alte Frau täglich am Grab ihrer Verwandten, und sie kann nach all den Jahren noch immer nicht verstehen, warum gerade ihr so viel Elend zugestoßen ist. Vorwurfsvoll gegen den, der ihr dieses Leid angetan hat, fragt sie sich immer wieder: „Wofür hat er meine Verwandte umgebracht? Sie hatte nur 18 Kopeken in der Tasche. Zu diesem Zeitpunkt hat sie gerade auf dem Markt eingekauft. Sie ging mit einer vollen Haushaltstasche durch das Dorf. Man konnte sehen, sie kam vom Einkaufen. Wer hat nach dem Einkaufen noch viel Geld in der Tasche? Der Täter hätte erst nachschauen sollen und sehen sollen, was sich darin befand, und ob ihm das etwas bringen würde. Milch und Brot, war das der Grund, einen jungen Menschen umzubringen? Warum hat er das getan? Ich kann es noch immer nicht begreifen. Ich weine jedes Mal, wenn ich hierher komme. Ich küsse diese Erde und weine, sobald die Erinnerungen kommen."

Eltern trauern um ihre Kinder und um ihre älteste Enkeltochter

Den Friedhof in Bratkovichi besucht auch Jaroslav Galuscka fast täglich. Der Mörder nahm ihm den Schwiegersohn, die Tochter und das älteste Enkelkind. Für ukrainische Verhältnisse hat es der Mann weit gebracht. Ein modernes Zweifamilienhaus, wie er es besitzt, zählt schon zum Luxus. Doch dieses Gefühl der menschlichen Zufriedenheit, seinen Kindern etwas geschaffen zu haben, gehört der Vergangenheit an. Trauer ist eingekehrt, seit ein Mann dieses Haus betrat: Anatolij Onoprienko.

Weinend stapft der alte Mann durch den tiefen Schnee zu einem schmucken, noch nicht verputzten Zweifamilienhaus. Er öffnet die Haustüre und zeigt die Parterrewohnung, in der das Verbrechen geschah. Es scheint, dass er die Wohnung im Erdgeschoss schon längere Zeit nicht mehr betreten hat. Sie ist nur noch zum

Teil eingerichtet. Er betritt die Küche. An der mit Glas gefüllten Türe und am Rahmen sieht man, dass hier Brandschäden ausgebessert wurden. Weinkrämpfe überfallen den alten Mann.

Er stammelt: „Meine Kinder, meine armen Kinder.“

Dabei zeigt er auf den Holzfußboden, der noch immer die großen Brandflecken aufweist.

„Hier lag mein Schwiegersohn, neben ihm meine Tochter und an ihrer Seite das älteste Kind. Hier mussten sie ihr junges Leben lassen. Sie hatten noch so viel vor. Meine Tochter war sehr glücklich. Sie wollte noch viele Kinder. Auch mein Schwiegersohn, mit dem ich mich sehr gut verstand. Er war ein sehr fleißiger Mann. Da konnte ich mir sicher sein, dass es meiner Tochter und meinem Enkelkind nie schlecht ergehen würde. Immer wieder sehe ich mir ihre Bilder an. Erst heute weiß ich so richtig, dass meine Tochter sehr glücklich mit ihrem Mann und mit ihrer Familie war.“

Plötzlich kommt Wut in ihm auf. Sein Tonfall verändert sich schlagartig von einer Sekunde zur anderen. Er zeigt auf eine Kommode in der Ecke des Raumes, in der noch immer mehrere Einschusslöcher von einem Gewehr zu sehen sind. „Dieses Biest hat nicht direkt getroffen und viel im Zimmer herumgeschossen. Hier sind noch Spuren von dieser Bestie“, stellt er verbittert fest.

Von der Küche aus kann man in das Wohnzimmer sehen, oder in das, was davon noch übrigblieb. Der Fußboden wurde herausgebrochen. Auch die Türe samt der Zarge. Wiederum hat Onoprienko Feuer gelegt, nachdem er fast eine ganze Familie ausgerottet hat.

Wer das Polizeivideo, das nach der Tat aufgenommen wurde, sieht, versteht, dass dieser Vater sein ganzes ihm verbleibendes Leben mit diesem Ereignis nicht fertig werden kann.

In der halb verkohlten Wohnung liegen die getöteten Menschen am Boden. Der Boden ist mit Blut getränkt. Der Ehemann trägt ein rotes Unterhemd, das Gesicht und die Arme sind durch die Einschüsse blutverkrustet. Neben ihm hat sich eine riesige Blutlache gebildet. Seine junge dunkelhaarige Frau trägt eine blaue Jacke und Stiefel, der Rock ist über ihren Bauch hochgezogen, die Beine angewinkelt in einer eindeutigen Stellung. Daneben sieht man auf einer Liege das Mädchen. Das 10-jährige Kind trägt nur noch ein gelbes T-Shirt, das auch bis zur Brust hochgeschoben wurde. Diese Bilder wurden aufgenommen am 23.3.1996, an dem Tage, an dem das Verbrechen geschah.

Geschossen hat Onoprienko mit Schrot. Spätabends hat er geklingelt. Als die Türe aufging, hat er sofort geschossen. Auf jeden, den er zu sehen bekam. Seine Opfer überraschte er zum Teil im Schlaf. Wenn sie nicht gleich tot waren, erwürgte er sie oder stach sie mit einem Messer nieder. Dann steckte er das Haus in Brand, um die Spuren seines Tötens zu vernichten. Die Fotos der Miliz, die nach der Tat aufgenommen wurden, zeigen ein Bild des Grauens.

Auf dem Herd stehen noch Töpfe, alle mit mehreren Einschusslöchern. Im Wohnzimmer ist die ganze Einrichtung verbrannt, die Wände sind noch immer rußgeschwärzt. Die Fensterscheiben sind herausgebrochen. Der Fußboden glimmt noch immer. Alle Schränke und Schubläden wurden durchwühlt. Was der Täter nicht brauchen konnte, liegt auf dem Boden verstreut.

Dann führt der Mann die Besucher in seine Wohnung im oberen Stockwerk. Dabei erzählt er: „Jahrhundertelang hatte man in Bratkovichi die Türen nicht verschlossen. Man musste keine Angst haben. Ich kannte mein Leben lang Haustüren nur unversperrt."

Drei Jahre nach der Tat schließt sich der 67-jährige Jaroslaw Galuschka noch immer in panischer Angst in seinem Hause ein. Seine drei jüngsten Enkelkinder spielten hier zur Tatzeit. Onoprienko betrat nicht die Wohnung im ersten Stock. Dies rettete ihnen das Leben.

Vor der Eingangstüre hat er ein Eisengitter angebracht. Es bleibt nie unverschlossen. Leise gesteht er: „Ich hatte Angst, diese Bestie würde wiederkommen. Warum? Ich kann es Ihnen nicht sagen."

In dem für ukrainische Verhältnisse gemütlich eingerichteten Wohnzimmer sitzt seine alte Frau mit schwarzem Kopftuch auf dem mit Decken überzogenen Sofa. Ein alter Wandteppich schmückt diesen Raum, in dem grausame Erinnerungen wach werden. Erinnerungen an ihren Schwiegersohn, ihre Tochter und das älteste Enkelkind.

In ihren Armen hält sie drei kleine Kinder, zwei Mädchen und einen Jungen. Keines ist älter als sechs Jahre. Mit ängstlichen Blicken verfolgen sie das Geschehen. Sie wirken traurig, als ihre Großmutter zu berichten beginnt, was sich hier ereignet hat. Sie weint bitterlich. Dabei drückt sie die kleinen Wesen noch enger an sich heran.

Sie sagt: „Die Kinder hier waren damals noch so klein. Aber sie haben schon verstanden, dass sie nun keine Mutter und keinen Vater mehr haben. Sie haben nur noch geweint. Ich war all die Jahre ganz alleine mit ihnen und habe mein Bestes für sie getan. Aber ich muss immer wieder daran denken, dass sie niemals wieder in ihrem Leben richtige Eltern haben werden. Und denken Sie bitte einmal daran, dass wir schon so alt sind. Was soll denn aus den Kindern werden, wenn wir einmal tot sind? Der Gedanke lässt mich nicht los. Wir sind über 70 Jahre alt und unsere Enkel noch nicht einmal 10 Jahre.

Unentwegt muss ich daran denken, wie es für die Kleinen weitergehen soll, wenn wir einmal nicht mehr sind."

Während die Oma diese Worte spricht, kramen die Enkelkinder einen Schuhkarton hervor. Er ist voll Erinnerungen. Still zeigen sie, was ihnen blieb. Es sind Fotos der toten Eltern. Ein Bild zeigt die Mutter, in einem Sarg liegend, aufgebahrt in der Leichenhalle des örtlichen Friedhofes.

„Das ist unsere Mama", erklärt das kleine Mädchen.

„Und hier ist unser Papa", mischt sich der Enkelsohn ein. Dabei zeigt er ein Bild des Vaters, ebenfalls aufgebahrt in einem Sarg. Nur schwer konnten die grauenhaften Verletzungen vor allem im Gesicht des Mannes retuschiert werden. Man setzte ihm eine Sonnenbrille auf, damit man die Einschüsse in Augenhöhe nicht sofort erkennen konnte.

„Ich schenke jedem unser Haus", fügt die Oma hinzu, „der unseren Enkelkindern eine glückliche Kinderstube schenkt, wenn wir nicht mehr da sind. Ich hoffe und bete jeden Tag zu Gott, dass wir jemanden finden, der ihnen eine Zukunft bietet."

Da mischt sich ihr Mann in das Gespräch ein: „Wissen Sie, das Haus wollen viele, aber ob sie auch gute Pflegeeltern für unsere Enkel sein werden, das können wir nur hoffen. Ich wünsche mir für die Kleinen, dass wir noch möglichst lange leben, um für sie da sein zu können. Sie brauchen uns doch noch so sehr."

Der alte Mann weint. Seine Enkel versuchen ihn zu trösten. Sie umschlingen seine Beine mit ihren kleinen Armen und sehen ihn mit ihren großen Augen an. Er fährt ihnen liebevoll übers Haar und wischt sich dabei heimlich die Tränen aus den Augen.

Ein ganzes Dorf trauert

An keinem Ort der Ukraine hat Anatolij Onoprienko so oft getötet wie in dieser kleinen Gemeinde Bratkovichi. Kaum hatte man die Opfer des ersten Überfalles zu Grabe getragen, schlug der Täter schon wieder zu.

„Wir glaubten schon, der Täter käme aus unserer Nachbarschaft oder gar aus unserem Dorf", berichtet ein alter Mann. „Die wildesten Gerüchte kamen in Umlauf. Jeder verdächtigte jeden. Jeder misstraute dem anderen. Immer wieder suchte er unser Dorf heim. Er tötete, raubte, zündete die Häuser an und verschwand. Wir haben keine Reichtümer hier im Ort – was also wollte der Täter? Wir konnten es nicht begreifen. Sie müssen sich einmal vorstellen – für einige Rubel mussten alleine drei Kinder sterben. Drei unschuldige Kinder in nur zwei Monaten. Die Bewohner von Bratkovichi genug. Obwohl die größte Fahndung in der Geschichte der Ukraine bereits in vollem Gange war, forderten sie extremere Maßnahmen und bekamen sie. Eine Einheit der Nationalgarde, voll ausgerüstet mit Raketenwerfern und Panzerfahrzeugen, wurde zum Schutz des Dorfes entsandt, während rund 2000 Polizisten die westliche Ukraine auf der Suche nach dem Täter durchkämmten. Es war furchtbar. Noch immer steht das Dorf unter dem Schock der Vergangenheit. Unsere Trauer für die Opfer wird nie enden."

Der Mann hat Recht behalten. An jedem Wochenende – noch Jahre später – gedenkt die Gemeinde noch immer den Toten dieses grauenvollen Verbrechens. Entsetzen, Trauer und unheimliche Wut haben dieses Dorf vereint. Noch immer steht der Schock den Trauernden ins Gesicht geschrieben. Die verheerende Mordserie hat die Menschen des Ortes zu einer Einheit gegen die Gewalt zusammengeschweißt. Die Lähmung und das Entsetzen schlugen rasch in ein Gefühl der Zusammengehörigkeit um. Sie fordern Vergeltung in all ihrem Leid. Sie sind fassungslos und weinen.

„Diese Taten, die in unserem Ort begangen wurden, haben unser Leben verändert! Ich bin wie gelähmt", berichtet ein anderer Mann, der nicht verstehen kann, was diesem Dorfe widerfahren ist.

„Immer wieder beteten wir: Großer Gott steh uns bei! Wir alle hatten unsägliche Angst. Unzählige unschuldige Menschen wurden getötet und wir fragten uns, wann wir an der Reihe wären", kann sich eine junge Frau an die grauenhafte Zeit in ihrem Dorf zurückerinnern.

Über den Mörder der vielen wehrlosen Opfer hat man schon lange ein Urteil gefällt. Eine Gruppe aufgeregter Gemeindemitglieder wollen nach dem Kirchgang ihre Meinung kundtun.

Ein Mann Mitte fünfzig meint wutentbrannt: „Er attackierte unschuldige und wehrlose Menschen. Väter, Mütter und selbst Kinder. Nur die Todesstrafe hat er verdient. Ich bin viel zu aufgeregt, um zu erklären, warum es dieses Schwein verdient hat."

Ein anderer hält diese Strafe für zu gering: „Eine Kugel reicht für diese Bestie nicht aus. Man muss ihn totprügeln. Ihn nur zu erschießen reicht nicht."

Da mischt sich eine ältere Frau sehr emotional in das Gespräch ein: „Ich möchte ihn am liebsten eigenhändig zerstückeln." Dabei zeigt sie aufgeregt mit den Händen, wie sie sich das vorstellen würde. Eine daneben stehende Frau fällt ihr ins Wort: „Man sollte ihn an einem Baum fesseln, und jeder von unserem Dorf käme vorbei und würde ihm ein Stück von seinem Körper abreißen ..."

Wer kann es diesen Menschen verdenken, dass sie

sich in ihrer Fantasie an Grausamkeit überbieten bei einem Menschen, der ihnen dies alles angetan hat?

Die Rufe nach Lynchjustiz hallen bis ins 1000 Kilometer entfernte Kiew. Die ermittelnde Staatsanwaltschaft, die seit 1989 am Fall Onoprienko arbeitet, reagiert sofort darauf. Seit Wochen verlangt man vom Täter, dass er die einzelnen Taten rekonstruiert, die die Beamten dann auf Video aufzeichnen. Die Rekonstruktionen des mörderischen Treibens finden nur noch unter massivem Polizeischutz statt, wenn überhaupt.

„In erster Linie haben wir Angst um unsere Mitarbeiter gehabt", erklärt der ermittelnde Staatsanwalt Iwan Dobyschuck. „Wenn die Menschen dem Täter etwas antun wollten, würden sie auf die unschuldigen Polizisten und meine Kollegen nicht achten. Es würde zusätzliche Opfer geben. Und es gab in der Ukraine schon genug davon. Ich habe deshalb dem Oberstaatsanwalt mitgeteilt, dass wir mit dem Täter nicht nach Bratkovich fahren. Wir hatten ohnehin schon genug Beweise gehabt."

Zum Beweis zeigt er ein Polizeivideo vom 13.09.1996, das morgens um 8.42 Uhr in diesem Ort aufgenommen wurde. Wieder einmal sollte Onoprienko zu einem Tatort geführt werden. Ein riesiges Polizeiaufgebot begleitet ihn. Onoprienko trägt Handfesseln. Er ist umgeben von Staatsanwälten und Sicherheitskräften. Er ist fast kahlgeschoren und trägt einen Jeansanzug. Mit den Beamten geht er auf den Tatort zu. Niemand achtet auf den Mann mit der blauen Plastikmütze, wie sie auf Intensivstationen in Krankenhäusern getragen werden. Der kräftige Mann von über fünfzig Jahren steht am Weg in einer Gruppe anderer Männer und wartet offensichtlich nur darauf, bis Onoprienko direkt auf ihn zukommt. Plötzlich holt er aus und versetzt Onoprienko einen Kinnhacken. Doch er hat ihn offensichtlich nicht richtig getroffen. Onoprienko schüttelt sich und geht an dem Mann vorbei, ohne ihn zu beachten. Die begleitenden Beamten lachen heimlich und müssen ihre Gefühle unterdrücken, denn die Polizeikamera läuft.

Bereitwillig demonstriert der ehemalige Matrose über Monate sein mörderisches Handwerk. Er genießt es förmlich, seine Taten in provokativer Form nachzuspielen. Man hat das Gefühl, er erlebt sie genussvoll noch einmal. Man merkt ihm stets an, dass er seine Begleiter bewusst schockieren will. Er fühlt sich wohl im Rampenlicht.

Nach all den Rekonstruktionen gibt ein vernehmender Beamter seine Meinung kund: „Ohne den Psychiatern, die ihn noch zu untersuchen haben, vorzugreifen, glaube ich, dass Onoprienko nur getötet hat, um an Geld und Wertgegenstände zu kommen. Ich glaube nicht an all die Erklärungen, die dieser Mensch für seine Taten abgibt. Er ist ein arbeitsscheues Element, der sich nun im Lichte eines Serienmörders sonnt. Er genießt den Rummel, der um ihn herum geschieht. Allein aus Habgier hat er getötet. Er ist primitiv. Das letzte Stück Dreck. Alles, was er aussagt, sind Rechtfertigungen seiner Taten, die er doch nur einzig und allein deswegen beging, um zu Geld zu kommen. Ich kann nur lachen, wenn man diesem ungebildeten Menschen seine Knastfantasien auch noch abkauft. Aber wie gesagt, ich bin kein Psychologe. Ich bin mir jedoch sicher, dass ich mit der Einschätzung des Anatolij Onoprienko richtig liege."

Ein berühmter Rechtswissenschaftler der Ukraine gibt dem Mann Recht: „Onoprienkos Hirngespinste, er sei von einer magischen oder wie auch immer gearteten Macht zu seinen Taten getrieben worden, sind in der

Einsamkeit seiner Zelle und der Erkenntnis seiner Ausweglosigkeit entstanden. Man kennt das von vielen Fällen von Serienmördern auf dieser Welt. Sie alle suchten nach einer Ideologie ihres Handelns. Ich kann bei all diesen Menschen nur zwei Gründe für ihr Handeln sehen, entweder sie wollen sexuelle Exzesse durchleben, oder Sie sind arbeitsscheu und wollen durch ihre Taten schnell zu Geld kommen. Sie alle füllen viele Särge, weil sie mehr wollen, als ihr geistiger Horizont ihnen bieten kann. Eine Erklärung für ihre Taten zu finden ist nicht schwer. Anatolij Onoprienko ist für mich ein geistiger Prolet, der gelernt hat, sich in eine geistige Welt zu interpretieren, die der Presse sehr willkommen ist."

Als Schutz vor weiteren Übergriffen muss Onoprienko schon bald eine kugelsichere Weste tragen.

Der Staatsanwalt erklärt das so: „Da wir das Leben des Täters nicht gefährden wollten, haben wir ihm eine kugelsichere Weste angezogen. Dabei habe ich bemerkt, dass er plötzlich blass wurde. Er hat geschwitzt. Ich habe ihn gefragt, ob es ihm schlecht gehen würde. Er sagte: Nein, nein. Aber uns wurde auf der Stelle klar, dass er um sein Leben fürchtet. Er hat sich richtig erschrocken."

Ein emotionaler Ausrutscher des Serienkillers.

Onoprienkos Verhaftung

Die Berichte der örtlichen Polizeistationen künden von immer neuen Gräueltaten. Sie wollen nicht enden, die Protokolle des Grauens.

Ein Journalist schreibt für eine deutsche Illustrierte über seine Erlebnisse: „Eigentlich bin ich durch meine

Kriegsberichterstattungen aus aller Welt einiges gewohnt. Ich kann viel menschliche Not ertragen. Anders empfinde ich die Bilder eines Opfers, das diesem Killer in die Hände gefallen ist. Ein Polizist, der an den Tatort gerufen wurde, um ein Protokoll zu schreiben, versicherte mir: ‚Die Körper der Opfer – auch die der Kinder – waren zum Teil so schrecklich entstellt, dass niemand sie wegtragen wollte. Ich wünsche niemandem auf der Welt, nicht einmal meinem größten Feind, diese Bilder sehen zu müssen. Man denkt an die eigenen Kinder ... ich kann es nicht beschreiben ... ich musste weinen, als ich sie sah. Diese vor Schreck verzerrten Gesichter, die doch ihren kindlichen Glanz nicht verloren haben.' Seine Sätze trafen mein Ohr wie der Donner eines Gewitters."

„Glauben Sie mir", fährt er fort, und die Tränen sind diesem hartgesottenen Journalisten nahe, „Kriege wurden immer geführt. Aber dies ist ein Krieg gegen die Menschlichkeit ohnegleichen. Ich freue mich dabei zu sein, wenn diesem Monster, das zu solchen Taten in der Lage ist, der Prozess gemacht wird. Alle, die die Bilder der Opfer gesehen haben, werden mir zustimmen. Für diesen Täter kann es nur eine Strafe geben: den Tod."

In der Stadt Lwow, dem alten Lemberg im Westen der Ukraine, hat man inzwischen ein Hauptquartier mit dem Ziel der Ergreifung des gesuchten Serienmörders eingerichtet. Unter der Leitung des Chefs der Fahndung, Alexander Jewaschenko, hat man wochenlang schwer bewaffnete Sondereinheiten der Miliz und der Nationalgarde zusammengezogen, um die Spurensuche zu beschleunigen.

Unzählige Zeugen werden vernommen, vor allem aus der Nachbarschaft der Tatorte. Schließlich stößt man auf eine Frau, die den flüchtenden Täter genau gesehen hatte und ihm fast direkt gegenüberstand. Ihr Glück: Der Täter sah sie nicht. Er war viel zu sehr damit beschäftigt, das Haus des Nachbarn in Brand zu stecken, als auf sie zu achten.

Aufgrund der Aussage dieser Frau wird ein Phantombild erstellt, mit Vorder- und Seitenansicht des Täters. Jede Polizeistation des Landes erhält dieses neue Fahndungsfoto, doch niemand aus der Bevölkerung erkennt den abgebildeten Mann.

Ständig vergrößert sich der Druck der Bevölkerung auf die Polizei. Die Miliz muss sich immer stärkere Demütigungen durch die Presse gefallen lassen. Sogar die Glaubwürdigkeit der Beamten schwindet rapide. Ununterbrochen bombardiert das Fernsehen die ermittelnde Behörde mit dem Vorwurf des Versagens. Die Bewohner der Ukraine haben nun endgültig genug. Auf Drängen der Bevölkerung beschließt Jewaschenko, ein 100 km^2 großes Gebiet mit über 2000 Mann durchkämmen zu lassen. Allen in der Nähe stationierten Kräften befiehlt er, sich unverzüglich in Marsch zu setzen auf der Suche nach dem Täter. Voll ausgerüstet mit modernen Schnellfeuergewehren und Panzern will man diese Bestie einfangen. Der Kommandant zeigt auf eine Landkarte des Landes und gibt seinen Leuten die Einsatzstandorte bekannt. Immer wieder deutet er auf die zahlreichen roten Kreuze, die sich auf der Karte befinden: „Hier die roten Kreise – das sind die Tatorte. Dort fand man die Leichen."

Eine noch niemals zuvor da gewesene Suchaktion in der Geschichte der Ukraine nimmt damit ihren Lauf. Jeder der Beteiligten weiß, ein Fehlschlag wäre eine Katastrophe. Die Ratlosigkeit der Polizei bei der Suche nach einem einzigen Mann würde von der Bevölkerung als fatale Niederlage registriert. Ein weiteres Misslingen können sie sich nicht mehr leisten, zu aufgewühlt ist des Volkes Seele.

Die leitenden Männer der Nationalgarde tagen in den kommenden Tagen nahezu ununterbrochen. Alle Möglichkeiten, die zu einem Erfolg führen können, werden durchgespielt.

Jewaschenko, der Kommandant der Truppe, gibt er vor der Presse eine Erklärung ab: „Wir werden den Kampf aufnehmen gegen den schlimmsten Serienmörder der Geschichte unseres Landes. Wir werden dieses Ungeheuer gezielt unter Druck setzen. Wir werden ihn aus seinem Versteck herauszerren, diesen räudigen Hund. Doch es ist schwierig, es ist wie die bekannte Suche nach der Stecknadel im Heuhaufen."

In dieser misslichen Lage steht der Kommandant der Nationalgarde unter ungeheurem Druck. Den präzisen Instruktionen des Kommandanten folgend beginnt die kampfkräftige Einheit ihre Schlacht. Der Krieg wird einem einzigen Feind erklärt. Einödhöfe, sogar ganze Dörfer werden Haus für Haus durchwühlt. Die Jagd nach dem Serienkiller, der das Land in Angst und Schrecken versetzt, nimmt ungewöhnliche Ausmaße an.

Doch sie sind ohnmächtig und ratlos, die Spürhunde der Miliz. Sie kämpfen den Kampf gegen das Ungewisse und fürchten diesen zu verlieren. Immer wieder werden den Beamten die Bilder des Grauens gezeigt. Die Erfolglosigkeit ihrer Mission macht sie hart, vielleicht zu hart.

Allerorts brüskiert sich nun die betroffene Bevölkerung über das Vorgehen der Miliz. Der sich schon lange aufgestaute Unmut gegen den Serienkiller wendet sich nun auch gegen die Nationalgarde. Zunehmend empfinden die Menschen die Aktionen zur Ergreifung des Täters als persönliche Diskriminierung. Negativ registriert werden vor allem die nächtlichen Überprüfungen in den Privathäusern. Den Kampf gegen den Serientäter bedingungslos zu unterstützen, davon war plötzlich nicht mehr viel zu spüren.

Zwischenzeitlich wird eine Liste der Gegenstände, die den Opfern geraubt wurden, angefertigt und an die Beamten verteilt. Die Liste ist endlos. Auch die sichergestellten Fußabdrücke sollen den Beamten weiterhelfen.

Jedem der angetroffenen Personen werden die Fahndungsfotos gezeigt. Doch immer wieder nur Kopfschütteln.

Man errichtet unzählige Straßensperren. Jedes Fahrzeug wird durchsucht. Außer ein paar kleinen Dieben findet die Polizei jedoch nichts. Resigniert bricht der Kommandant nach wochenlangem Suchen den Sondereinsatz ab. Die Presse reagiert mit einer Flut von Häme.

Doch die Menschen werden sensibler gegenüber allen Fremden, und das sollte sich auszahlen. Unzählige Anrufe mit Hinweisen über verdächtige Personen gehen bei der Polizeizentrale ein. Jedem einzelnen Hinweis geht man nach, doch zunächst erfolglos. Der Täter scheint spurlos verschwunden zu sein.

Erst Ostern 1996 kommt die Polizei dem Serienkiller Onoprienko zufällig auf die Spur. Da hatte er schon viele Jahre lang unerkannt gemordet. Seine blutige Spur zog sich durch die gesamte Ukraine.

Aus dem kleinen Ort Jaworiw, nur 30 Kilometer von dem Polizeihauptquartier entfernt, erreicht die Polizei der Anruf eines Mannes, der in einer Armeewohnung seit Tagen einen Mann beobachtet, der dort bisher nicht bekannt war. Dass diese Wohnung einer jungen Frau gehört, die mit ihren zwei Kindern darin wohnt, verschweigt er.

Schon wenige Tage später wird Igor Chonij, ein leitender Polizist des Ortes, beauftragt, diesem Hinweis nachzugehen. Mit einem Kollegen macht er sich auf den Weg zur angegebenen Adresse. In einer Seitenstraße befindet sich die Wohnung Nummer 37 des Armeewohnheimes. Armeemitglieder der verschiedenst Dienstgrade sind hier untergebracht, aber auch Angestellte, die in der Kaserne tätig sind.

Igor Chonij und sein Kollege betreten das Treppenhaus und steigen die Treppen hinauf. Alles wirkt äußerst gepflegt. Die Wohnungstüren sind mit braunrotem Kunstleder verkleidet. Ein Messingschild in Augenhöhe zeigt die einzelnen Wohnungsnummern an. Einen Moment bleiben die Beamten vor der Türe, die das Schild mit der Nummer 37 trägt, stehen.

„Wahrscheinlich wieder so eine Personalienüberprüfung, die nichts bringt außer Ärger", sagt Igor zu seinem Kollegen, während er an die Türe klopft.

„Guten Tag, was wünschen Sie?", bringt eine junge Frau gerade noch hervor, als sie ihre uniformierten Besucher an der Türe sieht.

„Guten Tag, Frau Kosak. Entschuldigen Sie, dass wir Sie stören. Aber ein Nachbar hat uns angerufen. Er sagte uns, dass sich in Ihrer Wohnung ein fremder Mann aufhalten würde. Sie wissen doch, wegen des Serienmörders, der im ganzen Land gesucht wird, müssen wir jedem Hinweis nachgehen."

„Ein fremder Mann in meiner Wohnung?", entgegnet die Frau erstaunt. „In meiner Wohnung befindet sich kein fremder Mann", sagt sie wütend, „in meiner Wohnung befinden sich meine Kinder, mein Verlobter und ich. Sonst niemand."

„Nun regen Sie sich doch nicht gleich auf. Dazu besteht kein Grund. Ich möchte nur gerne mit ihrem Verlobten sprechen. Ich möchte nur seine Papiere überprüfen, und dann ist unser Besuch schon wieder beendet. Wie gesagt, reine Routine."

Ein Blick durch die Eingangstüre macht den Beamten klar, hier wohnt kein Serienmörder. Die Diele der Wohnung ist mit Schrankwänden bis zur Decke eingerichtet, der Boden mit einem schönen Teppich ausgelegt und die Wände frisch tapeziert.

„Na, kommen Sie rein, mein Verlobter kann sich ausweisen", bittet Frau Kosak die beiden Herren in die Wohnung. Die Beamten bleiben in der Diele stehen, während die Mieterin ihren Verlobten ruft: „Anatolij, komm doch mal bitte in den Flur. Zwei Polizeibeamte möchten deinen Ausweis sehen."

Die Türe des Wohnzimmers öffnet sich, und ein überaus höflicher kleiner Mann tritt den Beamten gegenüber.

„Entschuldigen Sie, wenn wir Sie stören, aber wir müssen Ihre Papiere überprüfen. Dann sind wir auch schon wieder weg", entschuldigt sich der Beamte.

„Na klar", bekommt er als Antwort. „Ich muss sie nur erst suchen. Bitte kommen Sie in unser Wohnzimmer und nehmen Sie Platz."

Die Aufforderung, in das gut eingerichtete Wohnzimmer einzutreten, nehmen die Beamten gerne an. Das mit dem Platz nehmen unterlassen sie lieber.

„Es ist ja unglaublich, um was sich die Leute alles kümmern", ärgert sich Frau Kosak. „Wissen Sie, mein Verlobter ist sehr viel im Ausland, deshalb kennen ihn die Leute hier nur noch nicht."

Die Zeit vergeht, und der Verlobte der Mieterin findet trotz intensiver Suche in den verschiedensten Schubladen seine Ausweispapiere nicht.

„Ich kann sie nicht finden. Wahrscheinlich habe ich sie bei meinem Bruder liegen gelassen, als ich von der Reise zurückkam und ihn besuchte."

„So, so. Das gefällt mir aber gar nicht, dass Sie nicht einmal Ihre Ausweispapiere bei sich haben, obwohl Sie so viel reisen."

„Ich sagte Ihnen doch, dass ich meinen Bruder aufsuchte und dort wahrscheinlich meine Papiere vergessen habe. Ich werde ihn morgen besuchen und Ihnen anschließend meinen Ausweis auf dem Revier vorlegen. Ist das in Ordnung so?"

„Sie können sich ganz darauf verlassen, mein Verlobter bringt seine Papiere morgen bei Ihnen vorbei. Da gebe ich Ihnen mein Wort", bekräftigt dessen Verlobte.

Doch Igor will sich damit nicht zufrieden geben. Ein ungutes Gefühl kommt in ihm auf.

„Komm, lass uns gehen! Der Herr bringt doch morgen seine Papiere vorbei", meldet sich nun Igors Kollege zum ersten Mal zu Wort.

Doch Igor Chonij ist skeptisch. Er überlegt kurz und wendet sich an die Mieterin: „Bitte öffnen Sie die Türen dieser Schrankwand. Ich möchte sehen, was sich darin befindet."

„Mein Eigentum, was sonst", entgegnet sie ihm resolut. „Das geht dann doch ein wenig zu weit", sagt sie, während sie missmutig die Schrankwandtüren öffnet. „Da bitte, amüsieren Sie sich an meiner Unterwäsche. Ich habe nichts zu verstecken."

Ihr Verlobter hat in der Zwischenzeit in einem der Sessel Platz genommen und beobachtet fast gelangweilt das Vorgehen der Polizisten.

Doch die Beamten haben keine Augen für die Wäsche der jungen Frau und die Spielsachen der Kinder, die in diesem Schrank untergebracht sind. Längst haben sie den Knauf einer Pistole entdeckt. Als sie sie an sich nehmen, stellt sich heraus, dass es sich um eine Gaspistole handelt.

„Und für was brauchen Sie solch eine Waffe?“, fragt Igor die Mieterin.

„Die gehört meinem Verlobten. In der heutigen Zeit braucht man doch so etwas, um sich zu schützen, das wissen Sie doch besser als ich. Noch dazu, wenn man so viel auf Reisen ist wie mein Verlobter.“

„Aha“, die knappe Antwort. „Lassen Sie uns doch auch noch in die anderen Schränke sehen!“, bittet der Beamte.

„Na gewiss doch, ich habe nichts zu verheimlichen“, erhält er als Antwort.

„Und was ist das?“, will Igor wissen und deutet auf zwei Videorekorder.

„Die hat mein Verlobter im Ausland gekauft“, stellt sie selbstsicher fest.

„So, so.“ Mehr antwortet Igor nicht. Nun fragt er nicht mehr nach, ob er die restlichen Schränke öffnen darf, er ordnet es seinem Kollegen an. In einem Schrank der Diele finden sie einen schwarzen Koffer, darin ein abgesägtes Schrotgewehr.

Igor Chonij blickt seinen Kollegen an, und beide begeben sich wieder in das Wohnzimmer.

„Wie immer Sie heißen wollen, Sie sind verhaftet. Machen Sie keine Umstände.“

Während er das sagt, zieht er die Handschellen aus seinem Gürtel. Ohne Widerrede und Gegenwehr lässt sich der Mann festnehmen. Nur seine Verlobte kommt mit der Situation noch nicht klar.

„Sie können doch nicht einfach einen Mann festnehmen und verhaften, nur weil er seine Ausweispapiere nicht bei sich hat.“

„Doch, das können wir. Wir sehen uns ganz bestimmt wieder, Frau Kosak.“

„Das wird sich alles regeln, ich bin bald wieder zu

Hause bei dir und den Kindern. Ein Missverständnis, das sich aufklären wird", ruft der Verhaftete ihr noch zu und folgt wortlos den beiden Beamten. Entsetzt blickt sie den dreien hinterher.

„Zum Glück sind die Kinder noch in der Schule", denkt sie und schaut durch das Fenster. Sie sieht die drei in ein Fahrzeug einsteigen und stellt erleichtert fest, dass niemand aus den gegenüberliegenden Wohnungen aus dem Fenster sieht.

Der Festgenommene wird unverzüglich in eine Zelle der örtlichen Polizei gebracht. Alle leitenden Beamten werden zu einer Konferenz einberufen. Igor Chonij berichtet von seinem Besuch bei der Mieterin und zeigt den verblüfften Herren, was er dort vorgefunden hat.

Nach nur wenigen Stunden stürmen acht Beamte die kleine Zweizimmerwohnung. Es wird nicht mehr danach gefragt, ob man Schränke öffnen darf. Die Kinder, die zwischenzeitlich von der Schule nach Hause kamen, sitzen mit ihrer Mutter verängstigt in der Küche und beobachten besorgt das Treiben der Polizisten. Gezielt sucht man nach den gestohlenen Gegenständen der Opfer. Und man wird fündig.

Alle gefundenen Gegenstände werden zum Revier gebracht. Es wird eine Liste erstellt und dem Hauptquartier des Sonderdezernates übersandt. Bereits einen Tag später sind die Beamten des Sonderdezernates in dem kleinen Ort.

Erneut durchsucht man die Wohnung Anna Kosaks. Immer wieder wird sie gefragt, ob sie denn noch weitere Geschenke von Onoprienko erhalten hätte. Nun sucht sie selbst in den Schränken. Größere Mengen weißer Herrensocken, Unterwäsche und ein paar Stiefel kommen zum Vorschein. Sie legt sie auf die Couch und beteuert: „Das ist wirklich alles, was von meinem Verlobten in die Wohnung gebracht wurde. Kommt er denn bald wieder frei?“, fragt sie schüchtern.

„Ihren netten Verlobten werden Sie wohl nicht mehr sehen. Vielleicht im Gefängnis, wenn man ihn nicht gleich erschießt“, ist die ganze Antwort, die Anna von den Beamten erhält.

Zunächst wird das Jagdgewehr mit dem abgesägten Lauf überprüft. Es stellt sich heraus, dass es vorschriftsmäßig angemeldet worden ist, der Eigentümer jedoch nie überprüft wurde. Die Ballistiker finden heraus, dass alle Opfer mit dieser Waffe erschossen wurden. Zweifelsfrei wurden die an den Tatorten vorgefundenen Patronenhülsen aus dieser Waffe abgefeuert.

An den gefundenen Messern und einem großen Hammer werden noch Blutspuren sichergestellt, wiederum zweifelsfrei von dem Blut der Opfer. Selbst die beschlagnahmten Stiefel können einem Opfer zugeordnet werden.

Die goldenen und silbernen Ringe, die Onoprienko seiner Verlobten schenkte, waren allesamt Eheringe der weiblichen Opfer. Er hatte sie den Opfern zum Teil von den Fingern geschnitten, da er sie sonst nicht hätte abnehmen können.

Onoprienko wird zwischenzeitlich von Jaworiw nach Lemberg in das Hauptquartier der Polizei gebracht. Erleichtert meldet der Fahndungschef in einer Pressekonferenz: „Es ist uns gelungen, den wahrscheinlich größten Serienmörder der Ukraine zu fassen. Er sitzt in Untersuchungshaft und hat bisher 52 Morde gestanden ... Er ging bei allen Morden immer gleich vor. Frühmorgens brach er in die Häuser ein, tötete kaltblütig alle Bewohner, auch die Kinder. Dann suchte er in aller Ruhe nach Geld und Schmuck und legte Feuer.“

Nun wird der Gefangene in das berüchtigte Staatsgefängnis nach Zhitomir verlegt. Mitten in der Nacht überstellt man ihn. Man hat Angst, dass ihn die Bevölkerung lynchen würde, würde sie seiner habhaft. Die Volksseele kocht in der Ukraine.

Derweil lässt Anatolij Onoprienko alles lautlos über sich ergehen. Selbst eine Kahlrasur seiner Haare. Wenn er spricht, dann nur von seinen Taten.

Er hat viel Zeit, und das macht es ihm möglich, zu philosophieren und sich ständig neue Versionen seiner Massaker auszudenken. Immer neue Erkenntnisse offenbart er den ermittelnden Beamten. Einmal waren es „innere Stimmen“, ein anderes Mal erhielt er „Befehle von Gott“, dann sprachen „Außerirdische im Weltraum“ zu ihm, dann berichtete er von „hypnotischen Kräften“, die ihn zu seinen Taten anspornten oder ihn dazu gezwungen hätten. Weiter gibt er an, ein Prophet zu sein, der zu Lebzeiten keine Anerkennung finden würde. Onoprienko versucht offensichtlich, das Motiv für seine Taten herunterzuspielen und zu beschönigen. Die verschreckte Bevölkerung zweifelt inzwischen an seinem Geisteszustand. Aber vielleicht ist es das, was Onoprienko versucht, mit seinen unterschiedlichen, fast wirren Aussagen zu erreichen.

Der Serienkiller gibt ein Interview

Das Gefängnis von Zhitomir nahe der Hauptstadt der Ukraine ist in den Kreisen der Kriminellen gefürchtet. Tausende von Häftlingen hat es in seiner langen Geschichte aufgenommen, selbst in der Zeit des Zweiten Weltkrieges. Viele von ihnen wurden niemals mehr entlassen.

Diebe, Mörder und Totschläger beherbergt es heute. In den kargen Zellen versuchen sie die Zeit totzuschlagen, die ihnen das Gericht „aufgebrummt“ hat, wie sie sich ausdrücken, und viele von ihnen „brummen“ ihr ganzes Leben lang. Ein Großteil von ihnen kann jedoch sicher sein, eines Tages die lang ersehnte Freiheit wiederzuerlangen. So träumen sie von dem Tag, an dem sich die riesigen Eisentore der Strafanstalt öffnen und sie die schwere Zeit des Gefängnisalltages hinter sich lassen dürfen. Dann kehren sie heim zu ihren Familien und Freunden und versuchen ein neues Leben zu beginnen. Vielen von ihnen gelingt dies.

Währenddessen geht der Alltag weiter für die Bediensteten des berüchtigten Gefängnisses in Zhitomir, in ihren schmucken grauen Uniformen mit den goldglänzenden Sternen auf den Schulterklappen. Die Schirmmütze, die sie tragen, schmückt ein rotes Band mit Goldkordeln. In ihrer oft nicht leichten Aufgabe werden sie von Soldaten in Tarnanzügen und Fellmützen unterstützt.

Die weit über 100 Jahre alte Haftanstalt, die einer alten Festung gleicht, verwahrt jedoch auch Untersuchungshäftlinge, die auf ihren Prozess warten. Der berüchtigste Gefangene unter ihnen ist Anatolij Onoprienko. Wer ihn in seiner Zelle besucht, was mit Ausnahme von Psychiatern, Staatsanwälten und den ermittelnden Beamten fast niemandem gestattet ist, geht durch endlos lange Gänge. Sie sind 1,50 Meter hoch und mit grünen Kacheln getäfelt. Die Versorgungsrohre an den Wänden sind blau gestrichen. Alles wirkt sauber. Die rotbraunen Bodenfliesen glänzen geradezu. Vier Beamte sind dabei, wenn die grelle, blau gestrichene Tür von Onoprienkos Zelle geöffnet wird.

Alle 30 Minuten müssen seine Bewacher eine Protokollnotiz über den Zustand des Häftlings hinter der vielfach gesicherten Zellentüre anfertigen.

Seine Zelle ist bis in Kopfhöhe mit grüner Ölfarbe gestrichen. Ansonsten sind Wände und Zimmerdecke weiß, auch die Gitter vor dem Fenster.

Ein zweistöckiges Bett und eine hölzerne, aus zwei Fächern bestehende Ablage sind die einzigen Einrichtungsgegenstände in diesem Raum. Onoprienko schläft im unteren Bett. Ein rotes Kissen und eine blaue Matratze kennzeichnen seine Liegestätte. Ansonsten ist die Zelle nackt. Kein Bild, keine Erinnerung an draußen.

Seine neue Unterkunft wirkt wie eine Waschküche, aber wie eine äußerst saubere. Er sitzt in Einzelhaft. 23 lange Stunden am Tag. Eine Stunde am Tag ist es ihm gestattet, an der frischen Luft im Gefängnishof seine Kreise zu ziehen. Dann muss er wieder zurück in seine Zelle. Die schwere metallene Zellentüre ist mit einer weiteren Stahltüre gesichert.

„Eine der besten Sicherheitszellen dieses Gefängnisses. Noch nie ist einem Gefangenen aus diesen Zellen eine Flucht gelungen“, klärt ein Offizier nicht ohne Stolz seine Begleiter auf.

Vor jedem Eintreten in die Zelle wird mittels eines Telefons vor der Zellentüre erst der Gefängnisdirektor unterrichtet. Wann immer die Beamten diese Türe öffnen, sind sie zu viert.

„Zum Eigenschutz vor möglichen Übergriffen des Häftlings, man weiß ja nie“, versichern sie.

Die Beamten wirken sichtlich nervös, als sie vor der Tür ihre Positionen beziehen. Ein Blick durch den Türspion zeigt ihnen, dass sich der Gefangene in der Zellenmitte befindet.

„Gehen Sie zum Fenster, und stellen Sie sich mit dem Gesicht zur Wand“, lautet das Kommando für Onoprienko, bevor der Beamte die schwere Eisentüre mit seinen großen Schlüsseln öffnet. Bevor das letzte Schloss geöffnet wird, blickt er noch einmal durch den kleinen Spion. Er will sich vergewissern, dass seine Aufforderung befolgt wurde.

Die Tür öffnet sich, und man sieht einen kleinen, unscheinbar wirkenden, schlanken Mann. Er steht – mit dem Rücken zum Besucher – unter dem vergitterten Fenster. Seine Arme sind auf dem Rücken verschränkt. Er trägt eine blaue Trainingshose und eine bunte Strickjacke. Seine Wollmütze, die einer Kapuze gleicht, hat er nach hinten auf den Schultern hängen.

Er kennt die Spielregeln und dreht erst sein Gesicht zur Tür, als er dazu aufgefordert wird.

„Onoprienko, kommen Sie langsam aus Ihrer Zelle auf den Flur hinaus und stellen Sie sich dann mit dem Gesicht zur Wand“, fordert man ihn auf.

Sicheren Schrittes, aber mit gesenktem Haupt, verlässt er seine Zelle. Er stellt sich an die Flurwand, beide Hände auf den Rücken gekreuzt. Ein Beamter drückt mit seinen Schuhen die Beine Onoprienkos auseinander. Er tastet ihn von der Schulter bis zu den Schuhen ab.

Als er nichts Auffälliges findet, erklärt er: „Wir müssen ihn ständig durchsuchen, damit er nicht unzulässige Gegenstände bei sich hat, mit denen er sich oder andere hier gefährden könnte. Er könnte sich jederzeit etwas einfallen lassen.“

Angehörige der Miliz und weitere Sicherheitsbeamte beäugen nun zusätzlich jede Bewegung des Gefangenen. Man will kein Risiko eingehen bei dem Mann aus Laski, den eine Nachrichtenagentur der Ukraine „den Killer des 20. Jahrhunderts“ nannte.

Zwei Beamte führen Anatolij Onoprienko in seine Zelle zurück. Er ist mit Handschellen und zusätzlichen

Fußketten gefesselt. Das bedeutet Sicherheitsstufe eins. Es scheint ihn nicht zu stören, dass man ihn wie ein wildes Tier vorführt. In seinem Blick steht Hass. Seine verengten Pupillen lassen erahnen, zu was dieser Mann fähig war.

Einer der Beamten erklärt ihm, dass es ihm nun gestattet sei zu sprechen. Während die Besucher die Zelle betreten, nehmen die beiden Beamten Stellung an der Zellentüre, die während des Interviews geöffnet bleibt. Mehrere Sicherheitsbeamte beobachten neugierig und mit der gebotenen Vorsicht jede Bewegung Onoprienkos vom Flur aus.

„Wir wollen kein Risiko eingehen bei diesem Mann. Bei ihm weiß man nie", sagt einer der Beamten. Kopfschüttelnd erklärt er weiter: „Eigentlich spricht Onoprienko über die Motive seines mörderischen Treibens nur sehr ungern. Er fühlt sich über den Dingen schwebend. Onoprienko begreift sein Handeln als Mission. Warum er nun gerade Ihnen Rede und Antwort stehen will – niemand in diesem Haus weiß es. Wir sind sehr gespannt."

Die schauderhafte Realität eines Serienmörders erfüllt die Zelle. Man spürt förmlich, wie der Bann des Bösen ihn umgibt.

Selbstsicher und ohne ein Wort betrachtet Anatolij Onoprienko das Treiben seiner Besucher. Als wäre er diese Situation sein Leben lang gewohnt, beobachtet er den Aufbau der Tonanlage. Als er eine Kamera bemerkt, fragt er wie ein Schauspieler, der darauf bedacht ist, sich von seiner Schokoladenseite zu zeigen: „Ist es gut so, wenn ich mich auf das Bett setze, oder soll ich stehen bleiben während der Aufnahme?"

Die Antwort kommt wie ein Befehl aus dem Munde des Offiziers, dem das Gehabe Onoprienkos offensichtlich missfällt: „Setzen Sie sich auf das Bett!"

Wortlos nimmt er auf seinem Bett Platz. Neugierig betrachtet er die Linse der Kamera. Onoprienko setzt sich in Positur wie ein Leinwandstar. Man würde sich nicht wundern, wenn er nach einem Maskenbildner rufen würde. Er kann es kaum erwarten, dass man ihm die erste Frage stellt.

Unrasiert, die blonden lichten Haare bis auf wenige Zentimeter kurz geschnitten, betrachtet er noch einmal jeden Besucher. Lässig zieht er seine Wollmütze vom Nacken in die Stirn. Onoprienko nestelt ungeduldig an seiner Kleidung und glättet jede Falte seiner Jogginghose. Er scheint auf dieses außergewöhnliche Gespräch vorbereitet zu sein.

Hunderten von ausländischen Reportern war es im Laufe der Monate nicht vergönnt, Onoprienko interviewen zu dürfen. Niemand hielt es für möglich. Warum er, der sich letztendlich dazu bereit erklären muss, zustimmte? Der Gefangene gibt allen verblüfften Anwesenden seine selbstsichere Erklärung: „Weil ich die Deutschen liebe!" Ein Lächeln überzieht die verwunderten Gesichter der Sicherheitsbeamten.

„Warum gefällt Ihnen gerade Deutschland, und weshalb lieben Sie die Deutschen?"

„Seit ich 1982 deutsche Menschen kennen lernte, als ich auf den Passagierschiffen gearbeitet habe. Dort habe ich deutsche Touristen bedient und hatte viele freundliche Beziehungen zu ihnen. So wurde ich sozusagen halb deutscher, halb sowjetischer Mensch. Später verschwand die Sowjetunion – und von mir ist nur die zweite Hälfte übrig geblieben – der Deutsche."

Onoprienko macht eine kurze Pause und blickt zu den Beamten, als wolle er sagen: „Warum lacht ihr? Ich war schon viele Male in Deutschland, und ihr seid wahrscheinlich noch nie aus dieser Stadt herausgekommen."

Dann blickt er tief in die Augen seines Interviewpartners und fährt mit seinen Ausführungen fort: „Wahrscheinlich gibt es doch ein Übersiedeln der Seelen. Vielleicht war ich ein Deutscher in meinem vorigen Leben. Ich habe eine besondere Vorliebe für Deutsche. Nicht für Amerikaner und auch nicht für Japaner oder Italiener. Die deutsche und französische Sprache gefallen mir von allen europäischen Sprachen am besten ... Die griechische Sprache und deren Kultur haben mir gar nicht gefallen, deutschsprachige Länder wie die Schweiz, Österreich und Deutschland ziehen mich dagegen förmlich an."

„Was halten Sie von dem Charakter der Deutschen?"

„Ich wiederhole nochmals: Ich glaube an das Übersiedeln der Seelen und ich fühle, dass ich in meinem vorigen Leben ein Deutscher war. Dieser Glaube herrscht über meiner Vernunft und zwingt mich, die Deutschen zu lieben. Abgesehen davon, dass die Deutschen mich schon zweimal deportiert haben, liebe ich sie trotzdem. Dagegen hasse ich alle Amerikaner und Japaner usw. Für Deutsche dagegen empfinde ich eine irgendwie unverständliche Liebe. Die Japaner sind weiterentwickelt als Deutsche, die Amerikaner stärker, die Russen dagegen sind schlauer als alle anderen. Jedes Mal, wenn ich das Heim für seelisch Kranke verlassen hatte, flüchtete ich nach Deutschland. Die Deutschen haben mich leider nicht verstanden und schickten mich jedes Mal zurück in die Ukraine, obwohl ich immer versuchte zu vermitteln, ich sei ein Angehöriger der UdSSR. Ich habe die ukrainische Staatsangehörigkeit nicht angenommen. Und weil ich daher ein Angehöriger der Sowjetunion war und Russland jetzt die ehemalige Sowjetunion vertritt, sollte ich eigentlich nach Russland zurückgeschickt werden und nicht in die Ukraine. Aber aus irgendwelchen Gründen war man in München dagegen und ich wurde zweimal nach Kiew transportiert, obwohl ich darum gebeten hatte, nach Moskau geschickt zu werden."

„Warum wollten Sie nach Moskau?"

„Für mich sind die Deutschen meine Seele, und Moskau ist die Vernunft. Ich wollte dahin, wo ich verstanden werden kann. Hier in der Ukraine hat man mich nie verstanden. Vielleicht gibt es ja jemanden, der mich versteht, aber alle schweigen. Die Menschen, in deren Händen momentan mein Schicksal liegt, wollen mich ebenfalls nicht verstehen. Das Prokurat und das Gericht wollen sich um mein Schicksal kümmern. Auch der seit 1994 amtierende Staatspräsident der Ukraine, L. D. Kutschma, will einfach nicht darüber nachdenken, dass er über das Schicksal Onoprienko entscheiden könnte. Er überlässt dies anderen. Es gibt bei den Russen ein Sprichwort: ‚Meine Hütte steht an einem Rand, mich geht nichts etwas an.' Das trifft sehr gut auf mich zu."

„Was genau versteht man nicht? Mangelt es an Aufmerksamkeit an Ihrer Person hier in Zhitomir? Fühlen Sie sich vernachlässigt?"

„Die Probleme, die ich habe, sowohl die persönlichen als auch die globalen Weltprobleme kann man nicht lösen, wenn man im Gefängnis sitzt."

„Und wie müsste man Sie Ihrer Meinung nach lösen?"

„Dies ist eine äußerst schwierige Frage. Zunächst benötigt man dazu absolute Fachleute. Vielleicht könnte eine Zusammenarbeit von deutschen, japanischen und russischen Fachleuten meine Probleme lösen, die vor etwa zehn Jahren entstanden sind."

„Was für Probleme sprechen Sie damit an?"

„Diese Probleme möchte ich jetzt nicht nennen. Die Hauptsache ist dabei das gegenseitige Vertrauen zwischen diesen Wissenschaftlern und mir. Ich kenne bestimmte Dinge, die sie nicht kennen – und umgekehrt. Obwohl ... ich glaube nicht an die Wissenschaftler, auch nicht an die Regierung; ich denke, es gibt eine höhere Macht, die alle unsere Handlungen regiert. Diese höhere Macht wird alles entscheiden, so auch mein Schicksal. Sie kontrolliert die ganze Situation und alle Dinge, die mit solchen Triebtätern, wie ich einer bin, verbunden sind. Es gibt im Moment größere Probleme, wie die im Irak und im Kosovo, und es gibt kleinere, wie zum Beispiel das Schicksal von Onoprienko, die aber im kleinen Maßstab wichtiger sind. Es besteht ein Problem zwischen mir, einem Angeklagten, dem Gericht und der Regierung der Ukraine über die Unterbringung meiner Person hier in diesem Gefängnis. Ich habe einige bestimmte Vorschläge betreffend der Sicherheit der Ukraine zu machen, doch niemand hört mich an. Mit 30 Jahren beschäftigte ich mich mit unerforschten Energien und habe damit große Leistungen erreicht. Es ist kein Geheimnis mehr, dass es in jedem Land einen Geheimdienst gibt. So war ich in den letzten zehn Jahren das Objekt solcher Geheimdienste aus Deutschland und den USA. Die Amerikaner versuchten, mein Schicksal während meines Aufenthaltes in Deutschland zu beeinflussen, indem sie mich in ein Randgebiet Deutschlands schickten, damit ich da ruhig arbeiten könnte. Das war 1991, glaube ich ... Das war ein kleines Dorf nahe Passau. Die Züge halten da zwar, aber an den Namen des Ortes kann ich mich jetzt nicht erinnern. Damals, als ich das politische Asyl beantragt habe, hat man mich durch drei verschiedene Lager geführt und mich danach für dieses Dorf bestimmt. Ich habe da zusammen mit verschiedenen Asylanten gelebt. Sie kamen aus der Ukraine, aus dem Kosovo und aus Albanien. Es waren insgesamt 20 Leute im Hotel. Die Atmosphäre zwischen uns war unangenehm. Am Anfang versuchte ich ganz ruhig zu leben, aber bald habe ich verstanden, dass keine Verbesserungen zu erwarten sind. Und ich habe zwei Probediebstähle gemacht, indem ich eine kleine Bar und eine Firma bestohlen habe. Die Polizei kam zu mir und fragte, ob ich diese Diebstähle begangen hätte. Ich bestätigte dies. Dann schlugen sie mir vor, das Gestohlene zurückzugeben, was ich dann auch getan habe. Ich sagte ihnen, sie sollen mich vor Gericht stellen, da ich in ein deutsches Gefängnis möchte. Sie haben das aber abgelehnt und mich nach sechs Monaten in die Ukraine zurückgeschickt ... "

Man unterbricht Onoprienko, was ihm sehr missfällt. „Wir brauchen eine neue Tonkassette", gibt jemand zu verstehen. Die wenigen Minuten des Einlegens vergehen wie im Flug. Als man Onoprienko ein Zeichen gibt, dass das Interview fortgeführt werden kann, sprudelt es nur so aus ihm heraus. Er hat offensichtlich den Faden nicht verloren und berichtet weiter.

„... Doch schon bald kam ich trotzdem wieder nach Deutschland und habe mehr als 100 schwere Diebstähle begangen. Ich klaute überall, in Häusern, Firmen, Bars und Restaurants. Ich stahl mir auch ein Auto. Damit konnte ich nach Österreich fahren. Doch ich wurde in Österreich sehr schnell von der Polizei gefasst und in ein Gefängnis gebracht. Da haben sie mir auch das Auto weggenommen. Das war in Eisenstadt. Doch ich konnte aus dem Gefängnis flüchten. Dann stahl ich mir einen Opel Astra. Damit fuhr ich wieder nach Deutschland. Ich wollte, dass die deutsche Polizei auf mich aufmerksam wird, aber sie waren zu langsam. Ich war immer schneller als sie. Interessant ist auch, dass ich den Opel im Hof der Polizei in Eisenstadt gestohlen habe."

(Dies entspricht nicht den Tatsachen, wie sich später herausstellte. Das Auto, das Onoprienko stahl, stand nicht vor einem Polizeigebäude, sondern von dem Parkplatz der Handelskammer.)

„Wie war es Ihnen möglich, aus dem Gefängnis zu flüchten?"

„Das war ein ganz normales Gefängnis mit gewöhnlichen Gittern und Wänden, genauso wie hier. Man hatte mir schon zweimal vorgeschlagen, am Tage zu flüchten, aber das gefiel mir nicht. Doch eines Tages – ich arbeitete gerade in der Küche – habe ich zwei Besen zusammengebunden und mir ein Seil aus Lappen gefertigt. Damit flüchtete ich über den Zaun. Es wurde sehr fleißig nach mir gesucht, da ich als Seelenkranker galt. Ich konnte beobachten, wie man alle Kräfte mobilisierte und einsetzte, um mich zu finden. In einem Polizeirevier (er meint damit das Gebäude der Handelskammer) habe ich Nachts alle Türen aufgebrochen, alle Akten durcheinander geworfen – und trotzdem hat man mich nicht gefangen. Dann habe ich ohne Probleme die Grenze nach Deutschland überquert."

„Wurde die deutsche Polizei nicht auf Sie aufmerksam?"

„In Deutschland fuhr ich überall mit meinem gestohlenen Auto herum, bis man mich schnappte und wieder in ein Gefängnis brachte. Eine Nacht vorher war ich in einem Laden für Computerspiele und elektrische Geräte eingebrochen. Davon habe ich einige genommen und in das Auto gepackt. Diesen Einbruch habe ich für meinen Freund gemacht, der mich bat, ihm Unterricht im Stehlen und Einbrechen zu geben. Seine Freundin benötigte dringend Dinge für ihre Küche. Das Diebesgut hatte einen Wert von 60 DM, errechnete später die Polizei. Diese Bekannte, der ich das Diebesgut schenkte, hat mich dann bei der Polizei verraten. Das Urteil für diesen Einbruch lautete ein Monat Haft. Ein Monat Gefängnis für mich, der eigentlich bei weit mehr als 100 Firmen eingebrochen war. Als alles aufgedeckt wurde, hat man mich zu sieben Monaten Haft verurteilt und nach Verbüßen der Strafe wieder in die Ukraine abgeschoben. Ich bin mir sicher, dass die deutsche Geheimpolizei von allen meinen großen Verbrechen wusste, mich aber mit Absicht nur wegen des 60-Mark-Diebstahls verhaftete. Darüber war ich sehr böse und fühlte mich alleine unter Feinden. Meine Vernunft empfahl mir, ruhig zu bleiben, doch meine Seele forderte den Kampf. Ich fühlte mich so, wie sich Hitler oder Lenin gefühlt hatten. Beide hatten mit der Zeit so viel erlebt, dass es ihnen egal war, was weiter geschah. Ich glaube nicht, dass diese Persönlichkeiten einfach erschienen sind. Ich bin mir sicher, sie wurden von irgendwelchen Organisationen auf ihr Tun vorbereitet. Dies begann nicht in unserem Jahrhundert, sondern schon viel früher."

„Sind Sie nach der Abschiebung in die Ukraine noch einmal nach Deutschland gekommen?"

„Zunächst bin ich nach Griechenland gefahren, doch die Griechen hatten kein Interesse an mir. Dann kamen amerikanische Geistliche zu mir. Sie nannten sich Mormonen. Sie luden mich zu sich nach Hause ein. Als ich das nicht wollte, erhielt ich Drohungen. Sie versuchten, mich zu vergiften. Und fingierte Autounfälle hatten sie gegen mich vorbereitet. So habe ich Griechenland wieder verlassen und bin nach Deutschland gereist. 10 Jahre lang wanderte ich durch ganz Europa, lernte Bräuche und Traditionen und die Politik und Wirtschaft der einzelnen Länder kennen."

„Reisten Sie mit Ihrem richtigen Namen durch diese Länder?"

„Bis ich das erste Mal in Deutschland verhaftet wurde, reiste ich unter meinem richtigen Namen Onoprienko. Dann habe ich mich Smirnov genannt. Ich wohnte monatelang unter diesem Namen in Deutschland, bis mich ein Gefängnisdirektor des Gefängnisses, in dem ich vorher einmal einsaß, wiedererkannte. Er rief die Polizei, und ich wurde erneut verhaftet."

„Wurden Sie immer von München aus in die Ukraine zurückgebracht?"

„Als ich das erste Mal verhaftet wurde, brachte man mich nach Berlin. Ich hätte dort flüchten können, aber dies hielt ich nicht für notwendig. Beim zweiten Mal wurde ich von München aus direkt nach Kiew gebracht."

Nach einer kurzen Pause ist Onoprienko wieder bereit, Fragen zu beantworten. Fragen, die ihm offensichtlich besser gefallen. Fast ehrfürchtig faltet er seine Hände wie zu einem Gebet, als man ihn fragt:

„Sie glauben also, dass solche Menschen wie Lenin, Stalin und Hitler als Persönlichkeiten von den Geheimdiensten bearbeitet wurden?"

„Kann wohl sein! Man nannte sie die Mächtigen dieser Welt. Doch mich geht das alles gar nichts an. Ich bin fast 40 Jahre alt, war niemals reich; selbst alles, was ich jetzt gerade anhabe, gehört nicht einmal mir. Mein Traum war immer, das Geld mit meinen eigenen Händen zu verdienen, zum Beispiel als Kapitän und nicht als einfacher Matrose auf einem Passagierschiff. Sich jemandem unterzuordnen ist nichts für mich. Meinen älteren Bruder verstehe ich auch nicht. Er sagt schon heute das Schicksal seines Sohnes voraus, indem er behauptet, dass sein Sohn nach seinem Studium zur Polizei gehen wird."

„Doch nun zurück zu Ihnen. Wenn man so hört, welche Wünsche Sie an Ihr Leben stellten, verlief Ihr Leben wohl nicht so, wie Sie es sich erträumten. War das ein Zufall?"

„Nein. Das ist der Einfluss der Mächtigen dieser Welt, die von teuflischen Kräften unterstützt werden. Wie die Erfahrung zeigt, wird die Welt nicht von Gott und guten Kräften regiert, sondern von den bösen und teuflischen. Wir Menschen versuchen zu zeigen, dass in all unseren Beziehungen etwas Gutes ist, aber die Erfahrung zeigt, dass hinter allem, was wir tun, Satan, der Teufel steckt. Der Irak hat Kuwait attackiert und Amerika startet Bombenangriffe auf den Irak, doch niemand mischt sich ein."

„Würden Sie sich einmischen, wenn Sie dies könnten?"

„Man würde mich für verrückt erklären, würde ich mit ‚Ja' antworten. Hätte ich jedoch wirklich eine Möglichkeit dazu, ich würde es kompromisslos durchziehen, aber nicht mithilfe der Revolution, sondern etwa so wie Lenin, als man seinen Bruder Alexander hinrichtete."

Onoprienko macht eine lange Pause. Immer wieder blickt er in die Augen seines Gegenübers. Niemand stellt ihm eine Frage. Da wechselt er das Thema. Verwundert blicken ihn die Beteiligten an, als er plötzlich und völlig überraschend für alle, von sich aus über seine Taten zu sprechen beginnt. Bedächtig fährt er fort: „Im Jahre 1994 habe ich drei Morde vollbracht. Die nenne ich das Kreuz. Alle Opfer wurden im Gebiet Rowenskaja in ihren Autos auf den verschiedensten Strecken umgebracht. Betrachtet man die Tatorte auf der Landkarte, kann man ein Kreuz, das sich vom Osten, Westen und Norden bis zum Süden der Ukraine mit dem Zentrum in Vastov erstreckt, erkennen."

„Meinen Sie das christliche Kreuz? Welche Bedeutung hat dies für Sie?"

„Das ist mir selbst noch nicht klar. Hätte ich es gewusst, wäre ich schon nicht mehr am Leben. Ich weiß, dass ich in Deutschland unter Hypnose verhört wurde. Dies geschah im Gefängnis. Ich und meine Kenntnisse sind von großem Interesse für die Geheimdienste. Hätte ich alles gewusst, hätte man mich für seelenkrank erklärt oder ich wäre schon tot."

„Das erklärt aber nicht die Frage der Bedeutung des christlichen Kreuzes für Sie."

Onoprienko winkt ab. Der Einwand gefällt ihm offensichtlich nicht, und doch gibt er Antwort: „Ich habe Ihnen ja bereits gesagt, dass ich im Zeichen des Kreuzes getötet habe. Ob dies unter Ihrem christlichen Kreuz oder dem universellen Kreuz geschah, werde ich Ihnen nicht sagen. Sie könnten die Tragweite dieses Symbols aus meiner Sicht nicht verstehen."

„Sie waren sehr oft in Deutschland. Haben Sie auch in Deutschland Menschen getötet?"

„Nein. Nein. Und nochmals nein."

„Warum haben Sie niemanden in Deutschland getötet, oder weiß man einfach nichts davon?"

„Ich glaube, Sie haben mir nicht zugehört. Nein, in Deutschland habe ich niemanden getötet."

„Warum?"

„Ich habe schon gesagt, ich mag die Deutschen. Über die Ukraine kann ich das nicht sagen. Ich mag die russische Nation und ihre Sprache lieber als die ukrainische. Die ukrainische Nation ist heute sehr nationalistisch eingestellt. Der Faschismus wird von mir nicht so streng verurteilt wie der Nationalismus. Der Faschismus hat wertvolle Ideen. Das Kreuz war in der Ukraine eine Art Impfung gegen den Nationalismus."

„Anatolij Onoprienko, zählen Sie sich selbst zu den Mächtigen dieser Welt?"

„Noch bin ich kein Mächtiger dieser Welt. Ich bin noch ein Schüler, aber einer der besten. Meine Lehrer sind ältere Leute, und deshalb achte ich sie auch. Sie brauchen gar nicht zu reden, ich unterhalte mich mit ihnen durch Augenkontakt und mithilfe ihrer und meiner Gedanken. Ich meine nicht die 50- bis 60-Jährigen, sondern die zwischen 70 und 80 Jahre alten Menschen. Man muss nur in ihre Augen sehen, dann kann man ihren frischen Verstand erkennen."

„Und welche Beziehung haben Sie zu Kindern?"

„Zu Kindern habe ich keinerlei Beziehung, denke aber, dass sie unsere Zukunft sind. Wie sie diese Zukunft meistern werden, ich bin mir da nicht so sicher. Könnte ich nicht wieder kommen und sie lehren, würde es schlecht um diese Welt bestellt sein. Sie würde sicher untergehen."

„Sie haben aber auch Kinder getötet. Haben Sie damit nicht auch einen Teil der Zukunft zerstört?"

„Nein. Das war eine Impfung. Es gibt ein Zitat in der Bibel, das ich dazu gerne anmerken möchte. Gott wandte sich an einen alten Mann, einen Vater (Abraham) und sagte: ‚Töte deinen Sohn, um deinen Glauben zu beweisen.' (Onoprienko zitiert aus dem Alten Testament der Bibel 1. Mose 22 Vers 2. Abraham wurde von Gott aufgefordert, seinen Sohn Isaak am Berge Moria zu töten.) Und Abraham wollte dies schon tun, doch Gott hinderte ihn daran. Sie sehen selbst, Ihr Gott scheute nicht davor zurück, einem Menschen einen Befehl zum Töten zu geben. Er befahl einem Vater, den eigenen Sohn zu töten. Auch ich hatte nicht das Verlangen, Kinder zu töten, aber auch ich bekam dazu die Befehle von oben. Es ist viel schwieriger, seinen eigenen Sohn zu töten, als ein fremdes Kind, das man nicht selbst gezeugt hat. Du siehst aber in ihm einen völlig normalen Menschen, und plötzlich weißt du, du musst ihn töten. Diese Impfung der Ukraine, die ich vorgenommen habe, war die Geburt eines neuen Lebens auf dieser Welt."

Anatolij Onoprienko macht erneut eine Pause und wirkt nachdenklich. Er möchte etwas zu trinken. Doch die Beamten lehnen ab. So fährt er fort: „Im Jahre 1989 habe ich in der Ukraine ein Verbrechen begangen und bin dann 1990 nach Griechenland geflüchtet. Die griechischen Geheimdienste haben mich überall hin verfolgt, und man hat mich damals gefragt, was mit der Sowjetunion geschehen wird. Ich habe ihnen geantwortet, dass die Sowjetunion zerfallen wird und sich zehn Jahre später wieder vereinigt. Bis zum Jahre 2000 wird es eine ‚slavjanische Union' geben, bestehend aus Moskau und Weißrussland. Und die Ukraine wird alleine zurückbleiben. Völlig unbeholfen wird sie auf eine Katastrophe zusteuern."

„Weil Sie Ihr Ziel nicht erreicht haben?"

„Ich möchte mich nicht als gut oder böse bezeichnen. Die Wahrheit ist, dass ich mein Ziel nicht erreicht habe. Denn zu meinen 52 Impfungen hätte ich eigentlich noch hunderte hinzufügen müssen. Das war meine Aufgabe, die ich leider nicht mehr erfüllen konnte. Wäre mir dies gelungen, dann hätte man das blutige Kreuz über diesem Land sehr viel besser erkennen können."

„Die Menschen in diesem Land sind froh darüber, dass Sie nicht mehr weiter töten können, dass Sie hier bis zu Ihrem Lebensende einsitzen, ja vielleicht sogar die Todesstrafe an Ihnen vollzogen wird."

„Diese einfältigen Tölpel. Dieses Bauerngesindel kann doch gar nicht begreifen, welchen Segen ich über dieses Land gebracht hätte. Jedes Land muss kurzweilig leiden, um zu neuen Taten fähig zu sein. Ich wiederhole mich. Meine Taten waren für die Ukraine eine Art Impfung. Die Geistlichen dieser Welt erklären, wir gehen in ein neues Leben. Die anderen nennen es das Goldene Jahrhundert. Die dritten sagen, was vor uns liegt, ist etwas Unbekanntes, und diese haben Recht. Sie haben sich das Recht genommen, alles auf dieser Erde zu verteilen. Aber diejenigen, die an Gott glauben, wissen, dass alles ihrem Gott gehört. Die Nationalisten denken alles gehört ihnen. Sie zimmern sich dadurch ihren eigenen Sarg."

„Soll man glauben, Sie haben die Ukraine gerettet?"

„Nein, das habe ich nicht. Ich habe nur einen Teil meiner mir gestellten Aufgabe erfüllt. Es spielt keine Rolle, ob mir dies befohlen wurde oder ich irgendwelche Stimmen gehört habe. Es war ganz einfach meine Arbeit, dies zu tun. Wir warten jetzt zunächst auf das dritte Jahrtausend. Vielleicht werde ich es gar nicht mehr erleben. Das wäre für das Land sehr gut. Je eher ich wieder auf diese Welt zurückkehre, umso besser für die Menschen. Es wird noch viele, viele Onoprienkos geben. Ob die Menschen mich darin wiedererkennen, das vermag ich nicht vorherzusagen."

„Kann es sein, dass es außer Ihnen derzeit noch einen Onoprienko auf dieser Welt gibt?"

„Darüber darf ich nicht sprechen. Fest steht, es kann hunderte Onoprienkos geben. Sie werden wie ich – wie ein Roboter – töten. Sie haben den Auftrag, dies zu tun. Es gibt einen so genannten weißen Roboter, der ohne weiteres aus einem Menschen gemacht sein kann. Mehr möchte ich Ihnen dazu nicht sagen."

„Sind Sie auch ein ‚weißer Roboter'?"

„Nein, das bin ich leider nicht. Ich bin irgendwelchen Stimmen und Befehlen untergeordnet. Der weiße Roboter dagegen ist ein Wesen ohne Seele, für eine bestimmte Arbeit vorprogrammiert. Er kann im Gegensatz zum Menschen nicht Kartoffeln schälen oder Auto fahren."

„Onoprienko, lassen Sie uns über Frauen sprechen. Alle Frauen, die Sie geliebt haben, sagen, es gibt keinen besseren Mann als Sie. Wie konnten Sie Liebe und Mord vereinen?"

„Dies ist ganz einfach erklärt. Was ich mit den Frauen getan habe, war eine Art zärtliche Hypnose. Das Wichtigste war dabei die Zärtlichkeit. Es gibt den Begriff der vollkommenen Zärtlichkeit. Man muss vollkommen und zärtlich sein, dann kannst du mit jeder Frau tun, was du gerne möchtest. Ich kann Frauen so bearbeiten, dass sie auch mit mir töten gehen würden. Ohne einem Befehl, nur aus Liebe zu mir."

„Haben Sie je einer Frau den Befehl zum Töten gegeben?“

„Zum Töten habe ich noch nie einen anderen Menschen angestiftet oder benutzt. Die wenigsten hätten verstanden, in welcher Form dies zu geschehen hat. Ich habe noch nie Helfer für meine Impfungen benötigt. Schon gar nicht eine Frau. Ich brauchte dies nicht. Auch Rogosin (ein Mithäftling) habe ich ebenso wenig gebraucht. Er wollte einen Mitgefangenen töten und bat mich um meinen Rat und meine Hilfe bei der Durchführung der Tat. Doch ich lehnte es ab, ihm beim Töten zu helfen. Denn als ich bemerkte, dass er eine Art Bande im Gefängnis bilden wollte, wandte ich mich von ihm ab. Als die Mitarbeiter der Prokuratur mich eines Tages baten, den Namen des Anführers der geplanten Bande preiszugeben, habe ich ihn genannt, da er durch meine Erzählungen auch Zeuge aller meiner Taten war. Das Gefängnis wird ihn mit Sicherheit vernichten.“

„Fürchten Sie auch, nach Ihrem Urteil in diesem Gefängnis vernichtet zu werden?“

„Ich bin zu allem bereit. Hier habe ich nichts mehr zu tun. Ich konnte meine Aufgabe nicht erfüllen, das kränkt mich sehr. Welches Urteil das irdische Gericht ausspricht, interessiert mich nicht. Wenn, dann habe ich nur Angst vor dem überirdischen Urteil. Die Richter auf dieser Welt können mich nicht beeindrucken. Es ist mir egal, wie Sie über mich urteilen. Eines Tages wird die Welt erkennen, was sie durch mich verloren hat.“

„Würde Sie die Vollstreckung der Todesstrafe nicht erschrecken? Möchten Sie lieber sterben oder weiterleben?"

„Weder noch. Ich gehöre mir nicht selbst, weiß jedoch nicht einmal, wem ich gehöre. Ich habe sehr viele Kenntnisse und Informationen in meinem Leben gesammelt. Wie ein Professor oder ein Wissenschaftler. Dieses ganze Wissen verschenke ich nun. Innerhalb der letzten zwei Jahre musste ich meine Zelle mit bestimmt 400 verschiedenen Häftlingen teilen. Ihnen schenkte ich meine gesamten Weisheiten. Doch die Informationen, die ich ihnen mitgab, kann ihnen außerhalb der Gefängnismauern das Leben kosten. Ja, es kann durch meine Erkenntnisse sogar zu einem neuen Krieg kommen."

„Wer ist für Sie ein Vorbild unter den Persönlichkeiten unserer Zeitgeschichte: Stalin, Lenin oder Hitler? Oder gibt es eine andere Person, die Sie verehren?"

„Hitler hat mir nie gefallen, da er meiner Meinung nach einem Biotoproboter ähnlich ist. Ich habe einige Videofilme von ihm gesehen. Sein Gesicht drückt keine Gefühle aus. Über die anderen möchte ich jetzt nicht sprechen, dazu reicht unsere Zeit nicht annähernd aus."

„Onoprienko, Sie sagen einmal, Sie sind ein Roboter, ein anderes Mal bezeichnen sie sich als jemanden, der Befehle ausführt. Fühlen Sie sich selbst als Mensch?"

„Ja, ich bin ein Mensch. Ich habe verschiedene Emotionen, das habe ich bewiesen. Denken Sie nur an meine Beziehungen zu Frauen. Ich will nicht, dass nach meinem Tod eine Erinnerung an einen grausamen Menschen bleibt. Ich will, dass man die verschiedenen Seiten von mir erkennt, die mich zur Vollkommenheit bringen werden."

Onoprienko unterbricht die Antwort und kommt noch einmal auf Stalin zurück: „Stalin gefällt mir nicht, er versank in einen Zustand zwischen Yoga und schwarzer Magie. Er saß die ganze Nacht in seinem Sessel, stets in diesen Zustand versunken. Und wenn er endlich aus diesem Sessel aufstand, liefen alle vor ihm weg. Natürlich hatte er eine sehr große Macht. In Wirklichkeit war er jedoch eine Null. Aber er verstand es, seine Untertanen zu erschrecken, und die gaben es an das ganze Volk weiter."

„Warum haben Sie die Häuser, nachdem Sie die Bewohner getötet haben, nicht sofort verlassen? Sie sind sogar teilweise bis zu vier Stunden am Tatort geblieben."

„Wie viele Stunden ich dort verbrachte, war ohne Bedeutung. Ich brauchte diese Zeit zu meiner persönlichen psychologischen Selbstverarbeitung. Jedes einzelne Verbrechen habe ich genauestes analysiert, das heißt, meinen psychologischen Zustand und den meines Opfers. Einmal habe ich fünf Menschen in ihrem Auto umgebracht. Nach dem Mord setzte ich mich zu den Toten in das Auto und fuhr mit ihnen die ganze Nacht durch die Gegend ... Ich weiß jetzt sehr genau, wie sich ein Opfer vor und während der Tat verhält. Und ich weiß auch, wie ich mich dabei fühlte."

„Was ist das für ein Gefühl, einen Menschen zu töten? Was haben Sie dabei empfunden? Freude oder gar Stolz?"

„Keine Freude, vielleicht Stolz darauf, dass ich der erste Mensch war, der seine Taten bis ins Detail analysierte.

Niemand außer mir weiß, was ein Prophet ist. Ich weiß es. Die Mächtigen der Welt hören einen Propheten und analysieren ihn. Sie vergessen aber dabei, dass man ihm folgen muss. Denn wenn man ihm nicht folgt, verschwindet er. Ein Prophet kann auch grausam sein, aber er kommt zu den Menschen, führt sie, so wie ich dies 40 Jahre lang tat. Wenn er dann sieht, dass die Menschen ihn gar nicht verdient haben, verlässt er sie. Wenn die Menschen nicht auf die wahren Propheten hören, kommen der Satanismus, Faschismus und der Kommunismus."

„Glauben Sie von sich behaupten zu können, ein Prophet für die heutige Menschheit zu sein?"

„Das wollte ich nicht, aber ich habe so viel Informationen und Erfahrungen in meinem Leben gesammelt und diese geistig, bis ins Detail, für meine Nachwelt analysiert. Es wundert mich nicht, dass man mich nicht als Prophet erkennt. Welcher Prophet wird zu Lebzeiten schon anerkannt? Ich weiß, ein Prophet wird erst nach seinem Weggehen anerkannt. So wird dies auch bei mir geschehen, davon bin ich fest überzeugt. Nein, ich weiß es ganz sicher – wie viele vor mir."

„Hat Sie in Ihrem Leben ein Mensch beleidigt? Oder standen Sie über solch menschlichen Unzulänglichkeiten?"

„Eigentlich nicht. Aber mich beleidigt die Tatsache, dass die Menschen, statt nach der Vollkommenheit zu streben, sich immer mehr degenerieren. Unsere Kinder und Enkel werden mit nur zwei Begriffen leben: Liebe und Glaube. Liebe an alles: an Bäume und an Gott. Ich wiederhole! Meine Morde waren eine Impfung. Ich hatte die

Erlaubnis einer höheren Macht, zu entscheiden, ob die Menschen weiterleben dürfen oder nicht. Ich lasse es zu, dass es keinen Gott gibt, sondern nur einen Teufel, der uns gut tut, indem er uns betrügt. Deshalb ist der Mensch auch böse."

„Haben Sie je in ihrem Leben Drogen zu sich genommen?"

„Nein, nie in meinem ganzen Leben habe ich dieses Zeug angefasst. Nachdem Sie mir diese Frage stellen, vermute ich, Sie denken vielleicht, ich sei verrückt. Aber ich kann Ihnen versichern, ich bin absolut normal. Man kann mir vieles vorwerfen, zum Beispiel, dass ich gegen ein Gebot verstieß, das in der Bibel steht und das lautet ‚Du sollst nicht töten'. Doch ich tat dies nicht für mich. Es war eine unangenehme Arbeit, oft eine sehr schwere Arbeit, die ich zu verrichten hatte."

„Warum haben Sie immer diese Strickkapuze auf Ihrem Kopf? Es ist doch gar nicht kalt in diesem Raum."

„Weil ich mich selbst zum Henker ernannt habe. Und ein Henker hat eine Kopfbedeckung zu tragen. Das war schon immer so. Auch in der Geschichte. Meist mussten diese Vollstrecker sogar ihr Gesicht verhüllen. Das brauche ich nicht, jeder Mensch kann mich sehen: mich, den gnadenlosen Henker unserer Generation. Ich habe mich selbst dazu gemacht, um den Menschen zu helfen und sie zu lehren. Auch bin ich zum Henker meiner eigenen Seele geworden. Dies ist das Fürchterlichste, das es gibt, wenn man seine eigene Seele wie ich hinrichten muss. Das scharfe Beil der Gerechtigkeit wurde mir von Menschen genommen. Doch ich werde wieder kommen auf diese Welt. Und wenn meine Befehle lauten, die ganze Welt hinzurichten, werde ich keine Sekunde zögern, den Befehl auszuführen."

„Wenn Sie hier auf dieser Erde ein neues Leben beginnen könnten, was würden Sie gegenüber ihrem alten Leben ändern?"

„Ich will kein neues Leben beginnen. Ich habe meine Seele schrecklich gequält. Sie wollte leben, doch ich ließ sie nicht. Meine Seele wollte immer ein Mensch werden, doch meine Vernunft sagte Nein. Ich wusste und ich bekenne: Ich bin ein Teufel. Deshalb gab es in meinem Innersten stets einen ewigen Kampf. Ich hasse das körperliche Leben."

„Welchen Körper wünschen Sie sich für Ihre Seele?"

„In meinem vorigen Leben war ich ein Deutscher. Als ich in Griechenland lebte, hatte ich absolut alles, was sich ein Mensch so wünscht: Geld, Autos und Frauen. Aber als ich in die Schweiz kam, hatte ich das Gefühl, ich sei im Paradies. Das war im vorigen Leben. In der Zukunft will ich nicht leben. Ich möchte als Geist zurückkehren und die Welt unerkannt erleben."

Wiederholt drängt die Gefängnisleitung auf ein Ende des Interviews. Durch Gesten geben sie zu verstehen, dass die Zeit abgelaufen ist, die man zur Verfügung stellte.

Als Anatolij Onoprienko merkt, dass das Gespräch sich dem Ende zuneigt, will er noch eines ausführen: „Keines meiner Opfer, weder Mann noch Frau, hat eine Reaktion gezeigt. Keiner wollte sich wehren. Und dies waren meine einmaligen Erkenntnisse in der Geschichte der

Menschheit. Das hat leider bisher noch niemand so gesehen. Der Mensch ist ein Nichts: wie Watte, ein Vakuum. Ich habe nur Watte gesehen. Meine Vorstellung von den Menschen: Sie sind wie Sand. Es gibt so viel Sand an den Stränden der Welt. Und genau so sind sie – einfach Sand."

Mit diesen Worten geht eine der wohl spektakulärsten Stunden im Leben eines Journalisten zu Ende. Das Einpacken der Geräte wird zur Routine. Quälende Fragen bleiben unbeantwortet, und doch ist man froh, ein wenig über einen außergewöhnlichen Menschen erfahren zu haben. Die tiefen Ringe unter den Augen, die die vergangene, schlaflose Nacht gezeichnet hat, lassen sich noch deutlich erkennen. Man ist müde und angeschlagen, doch nur körperlich. Denn der Geist ist nach diesem Interview hellwach, und die rotierenden Gedanken werden auch die kommende Nacht nicht zur Ruhe kommen.

Längst ist das mitgebrachte Gepäck vor der Zelle deponiert, und die Beamten drängen zur Eile. Noch einmal betritt man die Zelle und steht dem größten Schlächter der Ukraine bewusst gegenüber. Selbstgefällig hat er Audienz gegeben. Niemand hat ihm widersprochen. Keiner der Anwesenden hat gezeigt, was er von dieser Bestie hält, obwohl ihm viele gerne ins Gesicht geschlagen hätten. In solchen Augenblicken denkt man an die Worte der Angehörigen der Opfer: „Sie sehen ihn doch, Sie sind sicher ganz in seiner Nähe. Erschlagen Sie dieses Schwein, töten Sie ihn, wie er unsere Angehörigen getötet hat."

Es heißt Abschied nehmen von Anatolij Onoprienko. Ein ungutes Gefühl kommt auf, einem solchen Menschen „Auf Wiedersehen" sagen zu müssen. Noch einmal fixiert er seinen Besucher. Er versucht herauszufinden, ob seine Worte die nötige Wirkung erreicht haben oder nicht. Es scheint ihm wichtig zu sein, dem Besucher noch einmal tief in die Augen zu schauen. Wie mit einer Art Hypnose versucht er, sein Gegenüber in seinen Bann zu ziehen. Erst als er seine Hand zum Abschied ausstreckt und keine Erwiderung erfährt, begreift er, wie widerwärtig und abstoßend man ihn findet. Man ist erleichtert, als die schwere Gefängnistüre wieder geschlossen wird. Onoprienko wird wieder aus der Gemeinschaft entfernt.

„Nun haben Sie ihn erlebt, den Teufel der Ukraine. Unglaublich, was dieser kleine Wicht den Menschen dieses Landes angetan hat", macht ein Hüne von Bewacher seinem Ärger Luft. Dass auch er trotz seiner Statur und Größe gegen die Waffen dieses Monsters nichts hätte ausrichten können, will er nicht wahrhaben.

Die großen Eisentore der Festung von Zhitomir schließen sich. Niemand blickt auf dem Weg zum Taxi noch einmal zurück. Man nennt den Namen des Hotels und will den Ort des Grauens vergessen. Niemand spricht ein Wort, und das ist gut so.

Stunden vergehen. Längst ist man wieder im Hotel angekommen. Man denkt über das nach, was Anatolij Onoprienko zuletzt erwähnte: „Meine Vorstellung von den Menschen: Sie sind wie Sand. Es gibt so viel Sand an den Stränden der Welt. Und genau so sind sie – einfach Sand."

Die Sinne sind wieder zurückgekehrt, und plötzlich stellen sich die Worte Onoprienkos in einem anderen Licht dar. Der Globetrotter des Todes lernte auf seinen unzähligen Reisen sicher nicht nur Mormonen, Christen und andersgläubige Europäer kennen. Sein Vergleich der Menschen mit Sandkörnern ist uralt. Schon im Jahre 520 unserer Zeitrechnung brachten Buddhisten aus Indien diese Weisheit nach China. 1191 wurde dann auch in Japan die erste Zen-Sekte gegründet. Das Motto der Zen-Sekte lautet von jeher: „In einem Sandkorn spiegelt sich die ganze Welt ..."

Der große Gelehrte Toshimitsu Hasumi beschreibt die Zen-Kultur so: „Zen ist nichts Besonderes, nur Natur an sich, aber dort liegt das tiefste Geheimnis des Lebens."

In der heutigen Zeit sind vor allem die miniaturhaften Zen-Gärten bekannt. Ein Sandkasten in Kleinformat, der auf den Betrachter beruhigend wirken soll. Mittels eines kleinen Rechens können Muster, Formen und Bilder stets neu und individuell im weichen Sand kreiert werden. So werden in China in diesen, meist mit schwarzen Holzrahmen eingefassten Sandkästen kleine Miniaturgrabstätten angelegt. Die Größe der Gräber richtet sich danach, wie nah einem der Verstorbene stand. Will man diesen symbolischen Grabstätten in Kleinformat die nötige Würde verleihen, dekoriert man Halbedelsteine wie Grabhügel auf die einzelnen Felder.

Dass sich Anatolij Onoprienko womöglich auch mit dem Buddhismus auseinander gesetzt haben könnte, verwundert doch sehr.

Noch Monate später beschäftigt es einen, wie dieser Mensch auf die Zen-Kultur gestoßen sein mag. Ihn persönlich zu befragen ist nicht mehr möglich, so schreibt man ihm am 21.07.2000:

Herrn
Anatolij Onoprienko
Staatsgefängnis
Z H I I T O M I R
UKRAINE

Herr Onoprienko,

... Meine Bücher wollen das Leben außergewöhnlicher Menschen aufzeichnen, so auch ein für seine Mitmenschen nicht verständliches Leben wie das Ihre. In Ihrem Interview haben Sie erklärt, sie seien nicht freiwillig auf diese Erde gekommen. Sie sagten: „Ich bin hier, um eine Mission zu erfüllen." Sie fordern Ihre Mitmenschen auf, sich mit Ihren Aussagen zu beschäftigen und sich damit auseinander zu setzen.

... Sie sind ein gebildeter Mann. In der Isolation mit dem eigenen Leben lassen Sie die Menschheit teilhaben an Ihren Visionen. Die Menschen verstehen Ihre Taten und den Sinn Ihres Tuns nicht. Sie wollen vielmehr begreifen, wie ein Mensch zu solchen Taten fähig ist.

Wenn ich Ihr „Lebenswerk" und Ihre Taten richtig verstehe, sind Sie ein Täter, der sich nicht in die Reihe der herkömmlichen Serienkiller stellen lässt. Sie sind ein Mensch, dessen Intelligenz und Vorstellungskraft außerhalb unseres Begreifens liegen.

Sie bezeichnen die Menschen, die Sie getötet haben, als Sand, als Nichts – als Vakuum, als Watte. Und doch haben Sie so viel Energie darauf verwendet, diese Leben auszulöschen? Warum? Lassen Sie mich an Ihren Gedanken teilhaben und verstehen, was in Ihnen vorgegangen ist.

... Ihre Erkenntnis über das Leben und Sterben eines Menschen als Forschungsobjekt ist außergewöhnlich. Lassen Sie mich verstehen, warum Menschen mit Sand vergleichbar sind. Wo sehen Sie einen Zusammenhang zwischen leblosen Körnern und Menschen, die mit Liebe und Zärtlichkeit gefüllt sind?

Ich würde mich freuen, baldmöglichst von Ihnen Post zu erhalten.

Ihr
Jaques Buval

Dieser Brief wird von unzähligen staatlichen Behörden und Ministerien der Ukraine geprüft, bis man ihn an Anatolij Onoprienko weiterleitet. Zwischenzeitlich wird Onoprienko jedoch rechtmäßig verurteilt und ist somit kein Untersuchungsgefangener mehr, dem die Möglichkeit des uneingeschränkten Briefverkehrs zusteht. Nun ist Anatolij Onoprienko ein zum Tode verurteilter Gefangener außerhalb jeglichen Rechtes.

„Anatolij Onoprienko hat nun seine Strafe erhalten, die ihm zusteht. Nun soll er für seine grauenhaften Taten büßen. Er soll Tag und Nacht darüber nachdenken, was er seinen Opfern angetan hat. Er wird keine Erklärung mehr darüber abgeben. Er wird keine Gelegenheit mehr haben, sich im Licht der Scheinwerfer zu sonnen und vor Kameras zu posieren. Nun wird ihm sein arrogantes Grinsen vergehen. Er wird keine Weisheiten mehr von sich geben können, die die Opfer beleidigen. Was die Ukraine an härtester Strafvollstreckung zu bieten hat, wird ihm widerfahren. Er wird in seinem Leben niemals wieder irgendwelche Vorteile erhalten. Er soll büßen bis an sein bitteres Ende. Glauben Sie mir das."

Dies ist die Auskunft eines hohen Offiziers des Gefängnisses, der damit erklärt, warum Anatolij Onoprienko meinen Brief nicht beantwortet hat und aller Voraussicht nie mehr beantworten wird.

„Vielleicht gebe ich Ihnen noch einmal die Möglichkeit, Anatolij Onoprienko zu sehen. Aber lassen Sie einige Zeit verstreichen, und ich versichere Ihnen, Sie werden einen anderen Gefangenen erleben als den, den Sie kennen. So klein – und dabei zeigt er mit seinen riesigen Pranken auf circa einen Meter über den Boden – wird er werden. Lassen Sie mir nur etwas Zeit."

Onoprienko und seine Macht über die Frauen

Anatolij Onoprienko ist kein Adonis. Mit seinen knapp 1,60 m erscheint er klein und zierlich, obwohl sein Körper durchtrainiert ist. Im ersten Augenblick wirkt er verletzlich, vielleicht sogar schutzbedürftig auf manche Frau. Seine Gestik und sein Auftreten sprechen eine andere Sprache. Wortgewandt meistert er jede Situation. Aufgrund seiner zahlreichen Reisen durch ganz Europa versteht er es, Aufmerksamkeit bei der Damenwelt zu erlangen. Wer in den kleinen Dörfern und auch Städten dieses Landes kann der armen Bevölkerung schon von Erlebnissen aus Spanien und Italien, ja sogar aus ganz Europa berichten. Neidvoll scheinen die Blicke der männlichen Zuhörer bei Onoprienkos zahlreichen Reiseerzählungen. Anatolij Onoprienko ist das sehr bewusst. Und er hat längst erkannt, dass Frauenherzen bei Geschenken höher schlagen. So bringt er jeder Angebeteten bei einem Rendezvous Blumen mit, oft auch kleinere Schmuckstücke. Woher sie kommen – keine der Beschenkten weiß es.

Das Haar wird lichter, die Stirne immer höher und seine Sensibilität immer ausgeprägter. Seine erste Ehe ist längst Vergangenheit. Für seinen Sohn aus dieser gemeinsamen Zeit interessiert er sich nicht. Denn er ist ständig auf der Jagd. Auf der Jagd nach Frauen.

Onoprienko war vier Jahre mit der attraktiven jungen Irina verheiratet. Sie steht an einem Hafenkai in Hamburg und hält das Bild ihres gemeinsamen Sohnes in der Hand. „Das Bild unseres Kindes, das ich immer bei mir trage“, wie sie sagt. Sie arbeitet noch heute als Kellnerin auf der „Maxim Gorkij“, einem Schiff, benannt nach dem großen alten Mann der Sowjetliteratur. Auch ihr Mann Anatolij hatte vor 10 Jahren als Matrose auf diesem Schiff gearbeitet. Der mächtige Luxusliner, vormals Aushängeschild der früheren Sowjetunion, liegt im Trockendeck zu Inspektions- und Reparaturarbeiten im Hamburger Hafen.

Auf diesem imposanten Luxusliner sollen, so Onoprienko, seine grauenhaften und monströsen Mordfantasien erwacht sein.

„Hier habe ich den Reichtum vieler Menschen gesehen", erzählte er damals seinem Freund, der sich heute dafür schämt ihn gekannt zu haben.

„Ich habe niemals verstanden, warum es Menschen geben soll, die das Leben in allem Überfluss genießen können. Warum kann ich nicht solch ein privilegiertes Leben führen wie diese Menschen hier auf Deck? Sind sie etwas Besseres als ich?", fragte er sich immer wieder.

Später berichtet Onoprienko in einem Interview über diese Zeit: „Ich konnte sie nicht mehr sehen, diese fetten Menschen, die schon am Vormittag Sekt tranken und Kaviar mit Esslöffeln in sich hineinstopften. Es widerte mich förmlich an. Sie lachten über uns. Sie alle hatten nur bemitleidenswerte Blicke für uns kleine Matrosen in Uniform übrig. Ich erinnere mich noch sehr genau daran. Noch immer sehe ich diese fetten Weiber, die mit ihrem Schmuck prahlten, als gehöre ihnen die Welt. Schon damals stand mein Entschluss fest, dies und vieles mehr auf dieser ungerechten Welt zu verändern."

Als man ihn fragt, wie er sich denn diese Weltverbesserung zu diesem Zeitpunkt vorgestellt habe, winkt er lässig mit einer Handbewegung ab: „Damals wusste ich es selbst noch nicht. Ich war verheiratet und hatte ein Kind. Ich wusste nur eines: Mit meiner Arbeit würde ich dies wohl nie erreichen können. Also dachte ich über dieses Problem sehr, sehr lange nach. Und meine Vorstellungen von einem neuen Leben wurden mit der Zeit immer konkreter."

„Und wie sollte diese Ihre Weltverbesserung aussehen?", will man von ihm wissen.

„Ich hatte zunächst nur ein Ziel. Ich musste die verschiedensten Länder und ihre Kulturen erst einmal kennen lernen. Nicht nur die Häfen mit ihren Bordellen. Ich musste frei sein. Deshalb trennte ich mich auch von meiner Frau und meinem Kind. Alles andere wissen Sie ja selbst."

Seit Jahren sitzt Anatolij Onoprienko in seiner kargen Zelle. Seine Arbeit auf der Maxim Gorkij macht längst ein anderer. Doch viele der ehemaligen Matrosen, die mit ihm auf diesem Schiff zusammenarbeiteten, verrichten noch ihren Dienst, auch seine ehemaligen Vorgesetzten.

Es ist später Abend, die Dunkelheit ist längst hereingebrochen, als man über die steile Gangway das Schiff im Hamburger Hafen betritt. Von dem Oberdeck aus wenden sich den Besuchern neugierige Blicke über die Reling entgegen. Gespannt verfolgen sie jeden Schritt der Neuankömmlinge. Nur der reich dekorierte Erste Offizier des Schiffes betrachtet jeden Besucher, der sein Heiligtum betritt, mit größtem Argwohn. Er mustert die Eindringlinge von oben bis unten, bevor er sie begrüßt.

Zunächst glaubt er, man wolle eine Fernsehdokumentation über dieses Schiff drehen, das als Aushängeschild der Ukraine gilt. Vielleicht fordert er deshalb seine Mannschaft auf, sich diszipliniert zu verhalten. Matrosen, die wohl keinen Hafenfreigang bekamen, gesellen sich freudig und neugierig um das Mikrofon. Sie warten gespannt darauf, was man von ihnen erfahren will. Mit einem gestrengen Blick prüft der Erste Offizier noch einmal seine Uniform.

„Sie wollen sicher über den Stolz der ukrainischen Marine berichten? Ich werde Ihnen zunächst die Daten dieses Schiffes nennen", sind seine ersten Worte. Sein Redeschwall lässt sich nicht stoppen. Doch wie viel Bruttoregistertonnen das Schiff hat, wann es gebaut wurde und wie viel Seemeilen das Schiff jährlich zurücklegt, interessiert die Besucher nicht.

Etwas verstört unterbricht er seine Rede, als man einen der Matrosen, der gerade ein Fahrrad putzt, fragt: „Sind Sie schon lange auf diesem Schiff?"

Mit einem freundlichen Lächeln antwortet er: „Schon eine Ewigkeit. Wahrscheinlich schon viel zu lange."

Dabei lachen die Umstehenden laut auf. Der Offizier tritt ein paar Schritte zurück und beobachtet das ganze Geschehen misstrauisch.

Doch bei der nächsten Frage vergeht ihnen und vor allem dem Offizier das Lachen abrupt: „Dann kennen Sie sicher auch noch Ihren früheren Kollegen Anatolij Onoprienko."

Der Name schlägt ein wie eine Bombe im Kreis der Umstehenden. Der Erste Offizier kann seine plötzliche Nervosität nicht mehr verbergen.

„Nach wem haben Sie gefragt?", fragt er mit ernster Miene nach.

„Nach Anatolij Onoprienko, dem größten Serienkiller der Ukraine, der auf diesem Schiff gearbeitet hat."

„Niemand kennt einen solchen Mann mit diesem Namen auf diesem Schiff", unterbricht er.

Plötzlich haben alle Anwesenden etwas zu tun und verlassen fast fluchtartig die Reling. Zurück bleiben der Offizier und der Matrose, der noch immer demonstrativ gelangweilt an seinem Rad putzt.

Solche Reaktionen erhält man, wenn heute das Schiff betritt und seine ehemaligen Kollegen nach ihm befragen will. Man erkennt sofort, dass sie sich nur ungern an den Kollegen Anatolij Onoprienko erinnern wollen.

Als man dem Matrosen noch einmal den Namen Onoprienko nennt, betont er selbstsicher: „Ich sage Ihnen doch, ich kenne solche Leute nicht. Und ich will solche Menschen auch nicht kennen", und dabei weiß man, dass er über Jahre mit Onoprienko zusammengearbeitet hat.

Auch über seine Exfrau, die noch immer auf dem Schiff arbeitet, will niemand sprechen. Wieder mischt sich der Erste Offizier des Schiffes in dieses Gespräch ein. Die Befragungen gefallen ihm offensichtlich nicht.

Seine Miene wird finster, als er mit strengem Blick fragt: „Wollen Sie, dass Sie die Polizei hier von Bord holt? Ich kann das sofort organisieren", droht er, und sein Gesicht verrät, dass er meint, was er sagt.

Enttäuscht verlässt man die Brücke. Zu gerne hätte man Einzelheiten über das Leben des Anatolij Onoprienko während seiner Zeit auf diesem Schiff erfahren. Wie hatte die Besatzung diesen Mann erlebt? Unzählige Stunden hatte man damit verbracht, sich Fragen zusammenzustellen. Zu neugierig war man auf die Aussagen der Besatzung.

Onoprienko erzählte so viel über sein Leben auf diesem Schiff. „Es war die Geburtsstätte des Bösen in mir", verkündete er einmal stolz. „Als ich die endlosen Weltmeere betrachtete, die unbeschreibliche Weite und das Unendliche erkannte, wusste ich, dass ich für das Höhere geboren wurde. Als ich nachts alleine über Stunden an der Reling stand, war ich mir sicher, dass das unendliche Firmament mit seinen Milliarden von Sternen mir den Weg in meine Zukunft weisen würde. Doch wenn ich mich in mein Bett legte, konnte ich trotz der schweren Arbeit oft nicht einschlafen. Immer wieder sah ich tote

Menschen vor mir. Furchtbar zugerichtete Leichen und immer wieder Feuer."

Gerne hätte man auf diesem Schiff erfahren, ob bereits zu diesem Zeitpunkt Anzeichen in der Persönlichkeit Anatolij Onoprienkos erkennbar waren, die auf etwas Ungewöhnliches hinwiesen. All diese Fragen bleiben unbeantwortet.

Doch solche Niederschläge muss ein Journalist ertragen können. Nicht immer kann man erreichen, was man sich vorgenommen hat und anfangs so leicht erschien. Schon will man die missglückte Nacht verabschieden. Da taucht die geschiedene Frau Onoprienkos plötzlich wieder auf. Noch immer steht sie am Kai unweit der Maxim Gorkij. Gedankenverloren blickt sie in den Hamburger Himmel.

Sie hält das Bild ihres Sohnes in Händen. Sichtlich erschrocken fährt sie zusammen, als man sie anspricht: „Frau L., wir hätten gerne noch mit Ihnen über Onoprienko gesprochen, über Ihre gemeinsame Zeit mit ihm."

Und man hat das Gefühl, dass sie gerne an diese Zeit erinnert wird. Onoprienkos geschiedene Frau sieht mit ihren dunklen, langen Haaren für ihr Alter noch immer äußerst attraktiv aus. Als man sie fragt, ob sie das verstehen könne, was ihr Exmann getan hat und warum er so viele Kinder getötet hat, beginnt sie zu erzählen. Dabei kann sie ihre Tränen kaum unterdrücken. „Ich kann Anatolij gut verstehen. Er wollte vermeiden, dass die Kinder in ein Waisenhaus kommen, nachdem er die Eltern umgebracht hat. Er wollte nicht, dass sie das erleben müssen, was ihm als Waise widerfahren ist. Ihn hat keiner gebraucht. Niemand hat sich für ihn interessiert. Er hatte immer Angst vor dem Leben. Er musste ständig hungern. Und davor habe sogar ich Angst."

Erklärungsversuche einer Frau, die vier Jahre an der Seite eines Serienkillers lebte.

„Es waren die schönsten Jahre meines Lebens mit Tolja (ukrainische Koseform des Vornamens Anatolij). Er war der Mann meiner Träume", fügt sie hinzu und weint dabei bitterlich.

Drei Monate vor Onoprienkos Verhaftung 1998 verlobte sich die 37-jährige geschiedene Anna Kosak, Mutter zweier Kinder im Alter von sechs und 15 Jahren, mit Anatolij Onoprienko. Wie sie zueinander fanden?

„Ein Vetter hat uns miteinander bekannt gemacht. Als ich ihn das erste Mal sah, wusste ich: ‚Das ist der Mann für dich'", erzählt sie und ihre Augen leuchten.

Dass der Mann ihrer Träume zu diesem Zeitpunkt bereits 17 Menschen getötet hatte, wusste sie nicht.

Die schlanke Frau mit ihren kurzen, blonden Haaren arbeitet bei der Armee als Friseuse. Ihre Wohnung ist gut eingerichtet und penibel sauber und gepflegt. Mit ihren großen blauen Augen und ihren sinnlichen Lippen hätte sie wohl jeden Mann des Ortes bekommen können.

Sie nahm Onoprienko bei sich auf und wurde nicht enttäuscht. Er gab sich als liebender Mann, auch ihren Kindern gegenüber. Beide waren sehr beeindruckt von dem neuen Freund ihrer Mutter. Dem Jungen brachte Onoprienko die Kunst der Selbstverteidigung bei. Das junge, auffallend hübsche Mädchen warnte er vor dem gefährlichen Triebtäter, der sich in diesem Lande herumtreibt.

Als man sie danach fragt, wie ihr der Verlobte ihrer Mutter gefallen hat, gibt sie gerne Auskunft: „Was kann ich sagen. Er war einfach super zu mir und meinem Bruder. Auch zu meiner Mutter war er sehr liebevoll. Völlig anders als die anderen Männer hier im Ort. Man konnte über alles mit ihm reden. Er hatte für alles sehr großes Verständnis, auch wenn wir einmal die Musik zu weit aufdrehten", erinnert sich das Mädchen.

Ihr jüngerer Bruder, der seiner Mutter wie aus dem Gesicht geschnitten ist, erinnert sich an die Zeit mit seinem Stiefvater noch sehr genau. Er grinst über das ganze Gesicht, als er über ihn zu berichten beginnt: „Er war sehr stark. Wie ein richtiger Seemann. Ich durfte sehr oft seine Muskeln anfassen. Besonders gefallen hat mir, dass er mir so viele Karategriffe beigebracht hat."

„Hat er dir erzählt, wo er sie gelernt hat?", will man von ihm wissen.

Und er hat auch gleich eine Antwort parat: „Das hat er bei der Armee gelernt. Denn er war als Einzelkämpfer ausgebildet, und die lernen so etwas. Meine Freunde staunten nicht schlecht, als ich ihnen die gelernten Griffe vorführte."

„Hast du auch Geschenke von ihm erhalten?"

„Ja, fast jedes Mal, wenn er von seinen Geschäftsreisen zurückkam, brachte er uns etwas mit. Er war wie ein richtiger Vater zu mir."

Dabei gerät der Junge ins Schwärmen: „An meinen letzten Geburtstag erinnere ich mich besonders gerne zurück. Es war das schönste Geburtstagsfest meines Lebens. Er hatte alles ganz toll dekoriert, mit Luftschlangen und Luftballons und so. Ich habe auch viele Geschenke bekommen. Und er hat mir versprochen, mit uns eine Reise nach Griechenland zu machen."

Man sieht dem aufgeweckten Jungen an, wie sehr er ihn vermisst. Ohne Aufforderung erzählt er voller Bewunderung und mit Wehmut in der Stimme: „Er war der beste Vater, den man sich vorstellen kann", und sein Gesichtsausdruck wird traurig.

Beeindruckt von den Aussagen der Kinder mischt sich

die Mutter in das Gespräch ein. Sie hat offensichtlich Angst, dass man die Kinder mehr fragen würde, als ihr recht wäre. Doch man will die Kinderträume nicht zerstören. Man denkt unwillkürlich zurück an die Aussagen, die dieser Mann in seinem Interview gemacht hat. Und man denkt an das, was der Mann den anderen Mädchen und Jungen angetan hat.

Anna Kosak genoss die Aufmerksamkeiten ihres neuen Lebenspartners sehr, ebenso seine Geschenke. Welche Frau wäre nicht entzückt gewesen, von einem solch aufmerksamen Verlobten mit Geschenken überhäuft zu werden.

Wen wundert, wenn sie noch heute darüber mit glänzenden Augen berichtet: „Es gefiel ihm, mir immer drei ähnliche Dinge auf einmal zu schenken. Als er mir drei Ringe von seiner Reise mitbrachte, waren es drei ähnliche silberne Ringe. Oder drei goldene Eheringe. Alle in derselben Größe. Die habe ich auch immer so getragen. Drei goldene an der linken Hand. Drei silberne an der rechten Hand ... Ich war sehr stolz und dankbar. Wir leben hier in Jaworiw, einem kleinen armen Dorf. Die meisten Männer hier schuften auf den Feldern und können doch ihre Familien nicht ernähren. Er war nie gewalttätig gegen mich und gegen meine Kinder. Ich würde eher sagen, er war zärtlich und sanft. Morgens kleidete er mich manchmal an. Er holte mich mit Blumen von der Arbeit ab. Abends ließ er mir mein Badewasser ein. Auch die Kinder liebte er. Er kaufte ihnen zwei Wellensittiche und organisierte für meinen Sohn eine Geburtstagsparty im Kindergarten. Als ihn der Junge darauf zum ersten Mal ‚Papa' nannte, sagte er, er wäre noch nie so stolz in seinem Leben gewesen wie in diesem Augenblick. Er war wirklich der Mann, den ich mir mein ganzes Leben lang erträumt hatte. Wenn ich an unsere gemeinsame Zeit zurückdenke, bin ich mir ganz sicher, dass ich keinen Grund hatte, Verdacht zu schöpfen."

Aus der flüchtigen Bekanntschaft wurde Liebe, und es erwachte die Leidenschaft. Anatolij Onoprienko hat ihr Leben verändert. Sie liebte und vertraute ihm. Sie wollten eine gemeinsame Zukunft aufbauen. „Er sprach oft davon, dass wir bald heiraten werden. Er versprach mir und meinen Kindern eine Zukunft im Westen."

Bis zu dem Augenblick, der ihr Leben schlagartig verändern sollte. Die Behörden offenbarten ihr eine andere Wahrheit über diesen Mann, den sie so sehr liebte. Sie ließen keinen Zweifel daran, dass ihr Traummann der größte Serienkiller der Ukraine ist.

„Ich habe nächtelang geheult, als ich erfuhr, was er angeblich getan hat", erinnert sie sich. „Immer wieder hoffte ich, dass sich die Polizei irrt und sich alles noch zum Guten wendet, und dass mein Geliebter Anatolij unschuldig ist."

Nach einiger Zeit berichtet sie weiter: „Dann folgte das Warten, das endlose Warten. Doch die Untersuchungen der Polizei sprachen gegen ihn. Ich bin mit der Angst, ihn für immer verloren zu haben, eingeschlafen und morgens mit ihr aufgewacht. Jede Umarmung, jede Zärtlichkeit wurde zur Vergangenheit. Auch mit geheimen Selbstmordgedanken habe ich schon gespielt. Doch die Verantwortung meiner Kinder gegenüber ließen das nicht zu. Ich tat es nicht. Doch ich fragte mich jeden Tag und jede Nacht, was mich eigentlich noch am Leben hält. Er war der beste Mann der Welt, ein Mann, den sich eine Frau mit zwei Kindern nur erträumen kann."

Anna Kosak erinnert sich mit Schaudern daran, wie man „ihren" Anatolij in ihrer Wohnung verhaftete: „Er hat mich noch einmal zärtlich in die Arme genommen und sagte zu mir – wohl um mich zu beruhigen: ‚Keine Angst, mein Liebling, es wird alles wieder gut. Du wirst sehen, in Kürze bin ich wieder zu Hause bei dir und den Kindern, und wir werden sehr schnell alles wieder vergessen.‘“

Die Erinnerungen an diesen Tag holen Anna Kosak immer wieder ein. Wenn sie sein Bild auf dem Schrank im Wohnzimmer betrachtet, werden all die Träume wieder neu aufgerollt. Jahre sind in der Zwischenzeit vergangen, und doch lässt sie dieser Mann nicht los.

Als man Anatolij Onoprienko im Gefängnis auf seine Liebe zu seiner Verlobten anspricht, antwortet er nur mürrisch: „Es gefiel mir sehr, von ihr geliebt zu werden. Doch das ist die Vergangenheit. Ich muss nach vorne blicken, auf meine Zukunft, und da ist kein Platz für Erinnerungen.“

Man kann nur hoffen, dass diese liebenswerte Frau nie aus ihren Träumen gerissen wird über diesen Mann, den sie noch heute verehrt, und dass sie niemals erfährt, wie er ihre Liebe mit Füßen tritt. Mit keinem Wort sucht er nach einer Entschuldigung oder Erklärung. Nie hat er gesagt, dass es ihm Leid tut, was er dieser Familie angetan hat. Diese Frau muss täglich die hämischen Blicke der Nachbarn ertragen. Ständig wird sie konfrontiert mit dem Unverständnis der Menschen, die nicht verstehen können und wollen, dass dieses Schicksal jeder Frau widerfahren kann. Unschuldig muss sie alles ertragen, nur weil sie diesen Mann, der sich als Ungeheuer entpuppte, geliebt hat.

Man glaubt dieser Frau und ihren Kindern, dass Onoprienko nie von seinem mörderischen Handwerk erzählte. Kaltblütig und unberechenbar war er nur gegen Fremde. Niemandem gelang es, in sein ungewöhnliches Seelenleben einzudringen.

Nicht einmal heute verliert sie auch nur ein böses Wort über ihn. Sie will nicht darüber sprechen, welch ungeheuerliche Taten man ihm vorwirft. Sie hat ihn geliebt, und sie wird ihn nie vergessen.

Anatolij Onoprienko hat seine eigene Theorie vom Vergessen. Er will nicht daran erinnert werden, was er dieser kleinen Familie angetan hat. Es interessiert ihn nicht, was es für diese Frau bedeutet, aus der Gemeinschaft ausgegrenzt zu sein, nur aufgrund seiner Taten.

Er philosophiert in seiner Zelle, gibt sich als Gelehrter, als Genie des Bösen, um von seinen Taten abzulenken. Er denkt nur an sich und will offensichtlich, wie die meisten Serienmörder vor ihm, in die Geschichte eingehen.

Als man ihn fragt, wie er über all die Frauen denkt, mit denen er zusammen war, hat er nur eine kurze Antwort parat: „Über dieses Thema spreche ich nicht gerne, da es nichts mit meiner Mission hier auf dieser Erde zu tun hat. Das ist alles Vergangenheit. Es ist nichts, worauf ich heute stolz sein könnte. Meine Aufgabe liegt nun auf einer ganz anderen Wellenlänge. Da ist kein Platz, um an Liebe zu denken."

Wie Frauen zu behandeln sind, erklärt Onoprienko jedoch gerne. Die Erklärung ist menschenverachtend wie seine Taten. Seine Stimme klingt hart und schneidend, wenn er auf diese Frage antwortet: „Bei allen Frauen habe ich mit zärtlicher Hypnose gearbeitet. Es gibt im Kosmos den Begriff vom vollkommen zärtlichen Menschen ... Man kann Frauen nur rumkriegen, wenn man vollkommen zärtlich ist. So hätte zum Beispiel Anna für mich getötet, wenn ich es nur gewollt hätte. Sie war kurz davor. Und außerdem muss man Frauen mit Wissen und Bildung beeindrucken. Dann bekommt man alles, was man will."

Über die Frauen, denen Onoprienko auf seinen Reisen quer durch Europa begegnet ist, war nicht viel in Erfahrung zu bringen. Er selbst will darüber nicht sprechen: „Diese Begegnungen waren zu lapidar für mich. Ohne Bedeutung für die Vergangenheit und vor allem für meine Zukunft. Ich bin zu Höherem geboren als für die Liebe zwischen zwei Menschen. Meine Interessen liegen auf einer ganz anderen Ebene, auf einem für die meisten Menschen unverständlichen geistigen Niveau."

Eine Hamburger Geschäftsfrau sieht dies sicher anders. Auch sie hatte Onoprienko während seiner zahlreichen Aufenthalte in Deutschland kennen und lieben gelernt. Stundenlang weiß sie über diese Zeit „des Glückes mit diesem bewundernswerten Mann" zu berichten. Noch heute träumt sie von „seiner Zärtlichkeit", seiner „unglaublichen, nie wieder erlebten Ausstrahlung". Wenn sie in ihren Erinnerungen an Onoprienko schwelgt, gibt es für sie nur ein Resümee: „Er war der tollste Mann in meinem ganzen Leben!"

Als man Onoprienko auf diese Frau anspricht, hat er nur einen Kommentar dafür übrig: „Diese Frau habe ich schon lange vergessen. Auch sie war es nicht wert, in meine Erinnerungen einzugehen."

Während er diese Worte spricht, sitzt er in seiner Zelle. Seine „Henkersmütze" ist tief ins Gesicht gezogen. Er hofft, damit Eindruck zu erwecken. Mit auffälligen Gesten unterstreicht er seine Antworten und versucht sich ins Bild zu setzen. Er will sich als kluger Mensch geben und merkt dabei nicht, wie man über ihn denkt. Er spürt nicht, dass man ihn sprechen lässt und doch nur abgrundtiefen Hass für ihn empfindet. Er sonnt sich im Licht der Scheinwerfer. Onoprienko genießt die Aufmerksamkeit, die man ihm entgegenbringt und merkt nicht, dass nur Menschen an ihn die Fragen richten, die voll von Hass gegen ihn sind. Er fühlt sich wichtig, interessant und klug. Er glaubt, man ist von seinen vorgefertigten Antworten beeindruckt, und er fühlt sich in seinen Taten gerechtfertigt.

Hätte Onoprienko seine Verbrechen in Amerika verübt, wäre es um sein Leben in Haft anders bestellt. Dort bekommen Serienmörder seines Kalibers körbeweise Fanpost. Oft genug werden sie wie Popstars verehrt. Wen wundert, dass es auf diesem Kontinent der Erde sogar ein Musical mit dem Namen „Charly" gibt und der Killer CHARLES MANSON von den Plakaten in New York grinst. Für die Spielfilme „Psycho" und „Das Kettensägenmassaker" diente die Lebensgeschichte von ED GEIN als Vorlage. Er zerstückelte zehn Menschen und trennte ihnen Arme und Beine ab. JOHN GACY, der 33 Menschenleben auf dem Gewissen hatte, bekam vor seiner Hinrichtung körbeweise Post. Er bedankte sich dafür bei seinen „Fans" mit selbst gemalten Bildern aus dem Gefängnis.

„Die große Enzyklopädie der Serienmörder" hat sich mit dem Phänomen „Frauen als Verehrer von Serienmördern" unter der Rubrik: „Groupies: Verehrer von Serienmördern", ausführlich auseinander gesetzt.

Trotz der brütenden Atmosphäre von Gewalt und Perversion, die Serienmörder umgibt, üben diese einen geradezu hypnotischen Effekt auf das andere Geschlecht aus. Der alternde Charles Manson war berüchtigt wegen der anhaltenden Ergebenheit seiner weiblichen Fans und einer neuen Generation von begeisterten Anhängern, die nach wie vor glaubten, ihm sei etwas „angehängt" worden. Aber auch andere Serienmörder waren diesbezüglich erfolgreich. CHARLES SCHMID, der „Rattenfänger von Tucson", der zum Tode verurteilt wurde, hatte in Arizona bei jedem Prozess seinen eigenen Fanclub von Jugendlichen. THEODORE BUNDY erhielt zahlreiche Liebesbriefe von attraktiven jungen Frauen. Viele ähnelten seinen bevorzugten Opfern mit ihren langen, braunen, in der Mitte gescheitelten Haaren. Als er sich schließlich eine von ihnen als Gefängnisbraut aussuchte, schlug Bundy der Zeit ein Schnippchen, indem er mithilfe künstlicher Befruchtung ein Kind vom Todestrakt aus zeugte, ehe er 1989 exekutiert wurde. In Nevada erhielt CARROL COLE Besuche und herzzerreißende Liebesgedichte von einer Frau, die halb so alt war wie er. JOHN GACYS angebliche Freundin, eine zweifach geschiedene Mutter von acht Kindern, organisierte eine Reihe von Auftritten in Fernseh-Talkshows, und beide „Hillside Stranglers" – KENNETH BIANCHI und ANGELO BUONO – heirateten, nachdem sie zu lebenslangen Haftstrafen verurteilt worden waren.

Eine frühere Geliebte von Bianchi, Veronica Compton, bekam selbst eine Gefängnisstrafe wegen versuchten Mordes, weil sie ihren Geliebten freibekommen wollte, indem sie die Technik des Würgers an einem Zufallsopfer nachahmte und Bianchis Sperma, das sie aus dem Gefängnis geschmuggelt hatte, am Tatort hinterließ. Als sie selbst im Gefängnis war, lange, nachdem ihr an Bianchi und seiner launigen Art die Lust vergangen war, hing sich Compton an den „Sunset-Mörder" DOUGLAS CLARK. In einem Brief an ihn erklärte Compton in einem klassischen Fall von Untertreibung: „Unsere Gemütsart ist ungewöhnlich. Ich möchte wissen, warum andere nicht die nekrophilen Aspekte der Existenz so sehen wie wir."

Ironischerweise – zieht man seine körperliche Erscheinung und die Art seiner Verbrechen in Betracht – hat kein Serienmörder mehr weibliche Groupies angelockt als der „Night Stalker" RICHARD RAMIREZ, jener

Teufelsanbeter, der wegen 13fachen Mordes in Los Angeles zum Tode verurteilt wurde. Ein regelrechter Fanclub begleitete seinen 14 Monate währenden Prozess in Los Angeles. Einige der jungen Frauen trugen Notizblöcke bei sich und fassten ihre Anteilnahme in Worte, während andere frei heraus den Reiz zugaben, den Ramirez und sein unverblümter Satanismus auf sie ausübte. Eine dieser Frauen sagte gegenüber der Presse: „Liebe ich ihn? Ja, in meiner eigenen, kindlichen Art. Ich empfinde so viel Mitleid mit ihm. Wenn ich ihn ansehe, sehe ich einen wirklich anständigen Kerl, der sein Leben verpfuscht hat, weil er niemals irgendjemanden hatte, der ihn führte."

Zwei andere Groupies, eine davon ein Porno-Model, setzten Naktfotos von sich selbst im Bezirksgefängnis in Umlauf. Eine junge Frau bedrohte aus Eifersucht ihre Rivalin, und aus immer noch ungeklärter Ursache, den Präsidenten der Vereinigten Staaten. Als Ramirez schließlich einen seiner Fans, eine Mit-Satanistin, geheiratet hatte, genoss er trotzdem die Besuche einer Geschworenen, die ihn zum Tode verurteilt hatte und verspätet zu der Überzeugung gelangt war, Ramirez habe keinen fairen Prozess bekommen.

Ein noch kurioserer Fall war der von HENRY LUCAS und PHYLLIS WILCOX. Wilcox – eine verheiratete Frau, die bis heute noch immer mit ihrem damaligen Mann zusammen wohnt – war von dem einäugigen Psychopathen Henry Lucas fasziniert und gelangte nach lange andauerndem Briefwechsel und einigen Gefängnisbesuchen zu der Überzeugung, dass Henry unschuldig sei. Sie brütete einen Plan aus, um ihn aus dem Todestrakt zu befreien. Mit einem gekauften, falschen Führerschein und einer anderen Identität präsentierte sich Wilcox gegenüber den Medien als die ehemalige Freundin Frieda

Powell, von der Lucas zuvor zugegeben hatte, er hätte sie im Jahre 1983 ermordet, als sie 15 Jahre alt gewesen war. Powells plötzliches Wiederauftauchen nach 13 Jahren garantierte Schlagzeilen, und die Polizei erfuhr bald aus zuverlässigen Quellen die Wahrheit über Phyllis Wilcox. Sie konnte zwar einer Gefängnisstrafe wegen Behinderung der Justiz entgehen, aber ihr unüberlegter Versuch, Lucas zu befreien, war vereitelt. Aber selbst wenn ihre Maskerade tatsächlich erfolgreich gewesen wäre, hätte Wilcox ihr Ziel nicht erreicht: Lucas war in zehn Mordfällen überführt, und Powells Fall war nicht derjenige gewesen, der ihn in den Todestrakt gebracht hatte.

Onoprienkos Sohn

Naturbelassene Wiesen säumen den kleinen Fluss in der Nähe der Stadt Zhitomir. Jedes Jahr sind sie den ständigen Frühjahrsüberschwemmungen ausgesetzt. Nicht nur das Klima ist rau in dieser Gegend der Ukraine. Es gilt zu überleben, und dies wird den Menschen nicht leicht gemacht. Das Wort Wpadina (Depressionen) fällt auffällig oft im Alltag der hier Lebenden. In Wpadina verfällt auch Irina, die Mutter des einzigen Kindes von Anatolij Onoprienko, wenn sie an die Zukunft ihres Sohnes denkt.

Er ist seinem Vater Anatolij Onoprienko wie aus dem Gesicht geschnitten. Die selben Augen, die rotblonden Haare, das etwas rötliche Gesicht. Mit seinen 13 Jahren macht er den Eindruck des freundlichen, aufgeweckten Jungen von nebenan. Das war er auch, bis vor einigen Monaten.

Dimitrij, der nette Junge, lebt seit Jahren bei einer

Pflegemutter in einer kleinen Stadt in der Ukraine, achthundert Kilometer entfernt von der Todeszelle, in der sein Vater einsitzt. Seine Eltern Irina und Anatolij Onoprienko fuhren zur See. Der Vater ist heute stolz darauf, dass sein Sohn auf dem legendären Vergnügungsdampfer Maxim Gorkij gezeugt wurde, dem Schiff, das einst das Aushängeschild für den gehobenen Tourismus der stolzen Sowjetunion war. Anatolij Onoprienko und seine Exfrau Irina hatten sich auf diesem Schiff kennen und lieben gelernt. Noch vor der Geburt ihres Kindes heirateten sie. Doch auf hoher See kann man keine Kinder erziehen. So beschlossen beide, den Sohn zu einer Pflegemutter zu geben.

Nach vier Jahren trennte sich das Paar und ließ sich scheiden. Die Mutter und ihr Sohn Dimitrij nahmen ihren Mädchennamen an, so erfuhr dieses Kind nie den eigentlichen Familiennamen Onoprienko. Das Kleinkind genoss die Wärme und Fürsorge der Pflegemutter. Oft wochenlang auf hoher See, war es den beiden Elternteilen nicht möglich, ihr Kind zu besuchen.

Nach der Trennung des Paares wurden auch die Besuche der Mutter immer seltener. Der Vater zog indes durch ganz Europa. Zu seinem Sohn hatte er keine Verbindung mehr.

Die Pflegemutter, heute etwa 55 Jahre alt, umsorgt den Jungen, als wäre es ihr eigenes Kind. Sie lässt ihm alle Liebe zukommen, die sie zu geben vermag. Tag und Nacht, Jahr für Jahr ist sie für ihn da. Sie sitzt nächtelang vor dem kleinen Bett, wenn das Kind krank ist oder einfach nur nicht einschlafen kann. Aufopfernd sorgt sie sich um das Wohl des kleinen Jungen.

„Dimitrij fragt oft nach seinem Papa und seiner Mama. Doch der Vater lässt sich seit der Scheidung nicht mehr blicken. Und seine Mutter kommt sehr selten. Dann bringt sie ihm ein paar Geschenke mit. Das ist alles, was das Kind von seinen Eltern erhält. Dabei bräuchte es die Liebe und Geborgenheit einer Familie. Ich will nicht klagen, aber manchmal schaffe ich es einfach nicht mehr."

Doch sie hat es geschafft, dem Jungen eine unbeschwerte Kindheit zu schenken. Oft drücken die Sorgen um das tägliche Brot schwer.

„Aber wer hat es schon leicht in diesem armseligen Teil der Erde. Ich will nicht klagen, denn das Kind schenkte mir viel Liebe. Und das ließ alles vergessen", erinnert sich die Frau.

Jahre später spürt sie eine Veränderung im Wesen des Jungen.

„Manches Mal ist er schon schwierig, aber das ist halt das Alter", erzählt sie ihren Nachbarinnen zu seinem 12. Geburtstag.

Viele Kinderpsychologen und Psychiater sind sich einig, dass Kinder, die bei fremden Menschen aufwachsen, nur einen Wunsch haben, den Wunsch nach Liebe von ihren Eltern. Sie suchen nach dem engen Band zwischen Mutter und Kind, das die Natur vorgegeben hat. Diesen Kindern fehlt das innere Band der Verbundenheit, die Festigkeit einer Familie. Allzu oft entwickeln sie im Laufe der Zeit desorientierte Bindungen zu den Pflegemüttern.

So weist einer der bedeutendsten Kriminalisten der USA, Robert K. Ressler, in einer Studie über vernachlässigte Kinder, die zu Mördern wurden, darauf hin: „Beim familiären Umfeld von Gewaltverbrechern fehlt es aber gerade an entscheidenden Stellen: Kindheit, Vorpubertät (8.–12. Lebensjahr, dort fehlt den meisten Tätern ein Vater, weil er starb, ins Gefängnis kam oder die Eltern sich scheiden ließen), sonstige Identifikationsfiguren in der Pubertät wie zum Beispiel Großeltern (viele der Täter kamen in dieser Phase in Heime oder Gefängnisse, hauptsächlich wegen Brandstiftung), Freundinnen oder Lebenspartner (die meisten Täter sind zu keiner festen Freundschaft fähig). Viele Menschen mit ähnlichen Kindheitserlebnissen überstehen diese Phasen (...), ohne zum Mörder zu werden. Wenn jedoch alles zusammenkommt – eine abweisende Mutter, das Fehlen des Vaters, oder Missbrauch durch Vater oder ältere Geschwister, Versagen des Schulsystems, Ineffizienz der Behörden und die gleichzeitige Unfähigkeit des Kindes zu einer normalen sexuellen Entwicklung – dann ist der Weg zum abweichenden Verhalten praktisch schon vorgegeben."

Der Alltag von Dimitrij scheint völlig normal zu verlaufen, bis man seinen Vater verhaftet und auf den Titelseiten sämtlicher Zeitungen über ihn berichtet. Er sei der „größte Serienmörder in der Geschichte der Ukraine", heißt es da. Erst jetzt erfährt der Junge, wer sein leiblicher Vater wirklich ist.

Obwohl Onoprienko nie über seinen Sohn sprach – er gab nur an, ein Kind auf dem berühmten Schiff gezeugt zu haben – fand man den Aufenthaltsort des Jungen heraus. Man suchte nach einer aufsehen erregenden Story und fand einen völlig verstörten Jungen. Fast täglich sieht er im Fernsehen einen Mann, der sein Vater ist, den er nicht kennt und der doch sein ganzes junges Leben verändern sollte.

Natürlich bleibt auch den Kindern des Dorfes nicht verborgen, wer der Vater des Jungen ist. Dimitrij spürt die Blicke und Gedanken seiner früheren Spielkameraden. Er bemerkt, dass man ihm aus dem Weg geht, und er fühlt die ablehnenden Blicke der Erwachsenen, die wie Nadeln in sein Gemüt dringen.

Fast täglich kann dieser Junge seinen Vater im Fernsehen sehen, dessen Hand und Liebe er früher so gerne verspürt hätte. In seinem Alter kann er verstehen, wovon sein Vater spricht. Er spricht davon, dass er unzählige Menschen getötet hat. Viele davon waren noch Kinder. Dimitrij muss die grauenhaften Bilder ertragen, die das Fernsehen ausstrahlt. Er sieht Leiber in ihrem eigen Blut, die zerstückelt und grauenhaft entstellt wurden. Und immer wieder wird das Bild des Täters, seines Vaters, eingeblendet.

Was mag in dem Gehirn dieses Jungen vorgehen? Niemand vermag es zu ergründen. Selbst seine Pflegemutter nicht. Sie stellt nur eines fest: „Seit der Junge Aufnahmen seines Vaters aus dem Gerichtssaal sah, weiß er, dass er der Sohn des größten Serienmörders des Landes Ukraine ist."

„Ungeheuer", der „Terminator des Schreckens" lauten die Titulierungen der Presse für seinen Vater. Doch der Junge hört noch weitaus schlimmere Schimpfworte über den Menschen, den er so vermisste.

Immer mehr zieht er sich in sich zurück, und er will auch keinen Menschen an sich heranlassen. Er hat niemanden, der ihm seelischen Beistand leisten könnte in dieser schweren Zeit.

„Nachts schreit er sehr oft", berichtet seine Pflegemutter. „Doch man kann kaum etwas verstehen von alledem, was er spricht. Bis auf ein einziges Wort – das Wort ‚Vater', das aus seinem Munde wie eine Hymne klingt."

„Wenn ich ihm das Frühstück serviere", berichtet seine Pflegemutter mit sorgenvollem Blick weiter, „sieht er mich ganz merkwürdig an und spricht kein Wort. Er hat sich völlig verändert. Früher strahlten mich zwei glückliche Kinderaugen an. Heute weiß ich nicht mehr seine Blicke zu deuten. Sie machen mir Angst. Unglaubliche Furcht überfällt mich, wenn ich in seine plötzlich eiskalten Augen sehe. Sie strahlen Hass und unsägliche Wut gegen alles aus. Das ist doch nicht normal für einen Jungen seines Alters."

Nach einer kurzen Pause fährt sie fort: „Dimitrij versetzt mich jeden Tag mehr in Angst und Schrecken."

„Was befürchten Sie?", will man von ihr wissen?

„Alles!" Dann beginnt sie stotternd zu erzählen: „Seit er die Fernsehberichte gesehen hat, reagiert er zunehmend aggressiver. Ich bin mit der Erziehung längst überfordert. Ich fühle mich wie ausgelaugt. Ich kann das bald nicht mehr ertragen. Vor allem die ständige Angst, wie es mit dem Jungen weitergehen wird. Wie gesagt, ich bin am Ende. Ich bin restlos überfordert mit dieser Situation. Ich glaube, der Junge müsste in ärztliche Behandlung. Aber für eine dringend notwendige Therapie fehlt mir das Geld."

Sie holt ein Schultagebuch Dimitrijs aus einer Schublade, schlägt es auf und deutet auf die vielen Seiten, auf der die Lehrer ihre Bemerkungen über den Schüler eingetragen haben: „Sehen sie her, hier bestätigen die Lehrerinnen, dass er nur lauter schlechte Noten hat. Er hat fast in allen Fächern eine Fünf. Er hat sogar einmal versucht, dies eigenhändig zu vertuschen."

Seine Pflegemutter Galina Leonidowna versteht das Verhalten des Jungen nicht mehr. Er unterschreibt seit einiger Zeit nur noch mit dem Namen Onoprienko und nicht mehr wie bisher mit dem Mädchennamen seiner Mutter. Sie fragt ihn, warum er das tut.

Seine klare Antwort: „Ich werde später meine Mutter befragen, was dieser Name bedeutet. Bis dahin werde ich in Zukunft mit dem Namen Onoprienko unterschreiben."

„Hier sehen Sie", sagt die Pflegemutter und deutet auf eine Seite seines Schulheftes, „hier hat er voller Stolz den Namen seines Vaters eingetragen. Ich verstehe die Welt nicht mehr. Er war immer so ein lieber Junge, und jetzt redet er nur noch von Gewalt. Er geht in den Sportverein und trainiert seine Muskeln. Er hat sich so verändert, ich könnte Tag und Nacht weinen."

Die Frau schlägt die Hände vor das Gesicht. Immer wieder schüttelt sie den Kopf. Sie weint. Die Tränen laufen über ihr Gesicht. Das Ende einer Kindererziehung, die so verheißungsvoll begann? Voller Verzweiflung fragt sie sich ratlos: „Er war so ein lieber, fröhlicher Junge. Was wird jetzt aus ihm?"

„Ich bin am Ende", wiederholt sie und berichtet weiter: „Ich habe solche Angst vor ihm – und das vor einem 13-jährigen Jungen –, dass ich nachts meine Schlafzimmertür versperre. Ich habe mir sogar ein Sicherheitsschloss einbauen lassen. Neuerdings verschließe ich auch sämtliche Schränke. Das kann doch kein Mensch ertragen."

„Doch ich habe immer noch die Hoffnung", fährt Galina Leonidowna, seine Pflegemutter, fort, „dass er sich auch wieder ändern wird. Ich nehme ihn oft mit zu mir in die Musikschule, besonders immer dann, wenn wir etwas zu feiern haben. Irgendwann hat er tanzen gelernt. Ich hoffte immer wieder, er würde weitermachen. Aber eines Tages bei einem Schulfest hat eine ältere Kollegin zu mir gesagt: ‚Galina, haben Sie bemerkt, mit welch bösen Augen Sie der Junge ansieht? Sie müssen aufpassen. Wenn Ihnen etwas passieren sollte, wissen wir ganz genau, dass dies nur Dimitrij gewesen sein kann.' Viele haben mir gesagt, er habe einen außergewöhnlich bösen Blick und kalte Augen. Im Großen und Ganzen macht er den Eindruck eines niedlichen Kindes. Aber seine Augen sind außergewöhnlich böse. Kollegen haben dies schon des Öfteren betont." Weinend verlässt sie das Zimmer.

Dimitrij ist kaum noch zu Hause. Jede freie Minute trifft er sich mit seinen Freunden in der Stadt. Das örtliche Spielkasino mit den unzähligen Geräten, bei denen man Feinde abschießen, mit dem Schwert überwältigen oder mit der Faust erledigen kann, fasziniert ihn. Videospiele sind seine große Leidenschaft. „Keiner schießt so schnell und geschickt wie er", erzählt einer seiner Freunde. „Er ist der wahre Champ!"

Noch einmal trifft man sich mit ihm in dem Hause seiner Pflegemutter. In der Küche sitzt Dimitrij alleine am Tisch, mit demselben unnahbaren Blick seines Vaters. Sicher hat er gehört, was seine Pflegemutter von ihm erzählt hat. Die Worte dieser Frau, die alles für ihn tat, scheinen ihn nicht zu beeindrucken. Seelenruhig blättert er in einem Magazin und wartet offensichtlich darauf, selbst zu Wort kommen zu können.

„Hallo Dimitrij, wie geht es dir?", wird er gefragt.

„Danke, gut", seine karge Antwort. Argwöhnisch hebt er seinen Blick von dem Magazin. „Mir geht es wirklich gut. Ich gehe oft zum Videospielen. Sie wissen schon, wo man Krieg spielen kann. Da bin ich der Beste", berichtet er voller Stolz. Und man merkt, dass er längst nicht mehr der kleine Junge ist, der er gewesen sein mag. Er wirkt unnahbar, so erwachsen.

Erst als man ihn nach den Taten seines Vaters fragt, taut er auf und gibt spontan zur Antwort: „Sie können ruhig mit mir darüber reden, ich habe alles im Fernsehen gesehen, was mein Vater gemacht hat."

„Und wie denkst du darüber?", die spontane Frage.

Dimitrij steht vom Tisch auf und stellt mit fester Stimme fest: „Einen Menschen mit einem Messer umzubringen, das ist doch langweilig. Das kann man doch gleich mit bloßen Händen machen. Aber jemanden mit einer Kugel zu treffen, ist doch noch viel spannender."

Auf die Frage, wie er darauf komme, antwortet der 13-Jährige mit einer unglaublichen Kaltschnäuzigkeit: „Ich glaube, es ist sehr viel interessanter zu sehen, wie eine Kugel fliegt und wie sie den Körper auf große Entfernung trifft."

Diese Antwort schlägt ein wie eine Bombe in die Gemüter der Anwesenden. Selbst dem hart gesottensten Journalisten, der schon vielen Serienmördern in die Augen gesehen hat, verschlägt es dabei die Sprache. Alle, die seinen Ausführungen folgen, sind zutiefst geschockt.

Das Kind eines Serienmörders berichtet, wie es sich das Töten von Menschen vorstellt. Seine Freunde beschreiben ihn als „cool". Doch es sind nur wenige Freunde, die er hat. Unbeschreiblich ist seine Selbstsicherheit, und eiskalt sind seine Augen.

Der Junge kann nicht verstehen, warum die Unterredung zu Ende ist. Niemand stellt weitere Fragen. Sein erstes Interview hat nur wenige Minuten gedauert.

Niemand spricht ein Wort, als man das Haus verlässt. Man hat nur einen Wunsch, diesen Raum und dieses Kind zu verlassen, in dessen Geist der Henker der Ukraine Einzug gehalten hat und dessen Vater achthundert Kilometer entfernt in der Todeszelle sitzt und auf die Vollstreckung des Urteils wartet.

Der Serienkiller kehrt zurück an den Platz seiner Kindheit

In dem großen Park des Waisenhauses, in dem auch Anatolij Onoprienko aufwuchs, steht noch immer auf einer von Hand gemauerten Backsteinsäule die Statue des jungen Lenin. Jahrzehnte sind inzwischen vergangen, und die Statue ist mittlerweile schon ein wenig vom Rost angefressen. Die elternlosen Kinder spielen auch heute noch in der gepflegten Anlage. Sie sind froh, ein ordentliches Zuhause und genügend Essen zu bekommen, in dieser verwirrten Zeit. Das ehemalige Verwalterehepaar Furmanski bewohnt noch immer eine kleine Wohnung im Seitenflügel des weiß getünchten Flachbaus.

Von diesem Waisenhaus fühlt sich Anatolij Onoprienko sein ganzes Leben lang magisch angezogen – auch in der Zeit von 1989 bis 1996. Es ist die Zeit, in der Onoprienko 52 Morde verübt. Immer wieder kehrt er an die Stätte seiner Kindheit zurück. Doch anders als früher, als er dem alten Ehepaar Geschenke und Geschichten von seinen Reisen rund um die Welt mitbrachte, nähert er sich dem Ort in aller Heimlichkeit. Von diesen heimlichen Besuchen Onoprienkos bemerkte das Heimleiter-Ehepaar zunächst nichts. Denn nur nachts besucht er diesen Ort, der ihn an an seine Kinderzeit erinnert.

Aufgefallen ist dieses sonderbare Verhalten dem ukrainischen Journalisten Petr Tarasjuk. An einem Abend nach der Verhaftung des Killers gibt der Reporter im Garten des Waisenhauses ein Interview über seine damaligen Beobachtungen: „Während seiner Zeit in diesem Kinderheim hielt sich Anatolij Onoprienko am liebsten unter diesen 13 Akazienbäumen mit den blutroten Blättern auf. Als Kind hat er diese 13 besonderen Bäume entdeckt. Schon als Schüler verbrachte er die meiste Freizeit unter ihren mächtigen Wipfeln. Sie zogen ihn fast magisch an. Ich glaube, er war damals schon den Pakt mit dem Teufel eingegangen."

Der Journalist hat sehr viel Zeit damit verbracht, das Leben Onoprienkos, vor allem die Jahre seiner Jugend, zu recherchieren. Er sagt: „Makabre Geschichten werden über diesen Mann erzählt, nachdem man weiß, zu welchen Gräueltaten er fähig war. Jeder will ihn besser gekannt haben. Es bereitete mir sehr viel Arbeit, Fantasie und Wirklichkeit zu unterscheiden und auseinander zu halten. Ich bin mir sicher, dass dies stimmt: Nach jedem Mord ist er in der Nacht heimlich an diesen Ort zurückgekehrt. Er stellte sich an einen der Bäume, hob seine Arme hoch und berührte die Rinde dieser mächtigen Riesen. Er tat es vermutlich, um neue Energie zu tanken. Er verbrachte so die ganze Nacht. Erst bei Sonnenaufgang verschwand er. Die Nachbarn sagten, sie hatten des Öfteren an dieser Stelle nachts einen Mann gesehen. Als sie durch das Bellen der Hunde erwachten, konnten sie jedoch nur noch einen davoneilenden Mann erkennen. Es war ganz sicher Anatolij Onoprienko."

Der Journalist macht eine kurze Pause und berichtet sichtlich erregt weiter: „Ich habe die Heimleitung gefragt, ob die Zahl 13 eine Rolle in dem Leben dieses Jungen gespielt hat, solange er sich hier aufhielt. Sie bestätigten mir, dass diese Zahl Onoprienkos Glückszahl war. Das habe er selbst immer wieder behauptet."

Der Journalist wiederholt mehrmals, dass diese Bäume blutrote Blätter tragen. Er hat sehr viele Bilder und Videoaufnahmen von den Opfern gesehen; vielleicht hat ihn das Blut der Opfer ein wenig inspiriert.

Die Lebensgeschichten von Serienmördern regen die Fantasien vieler Menschen an, vielleicht ganz besonders in diesem Lande der Mythen und Märchen.

Vielleicht denkt der Mann, der sich ausführlich mit der Lebensgeschichte des Anatolij Onoprienko beschäftigt hat, an den Waldgeist „Lesij", einer volkstümlich empfundenen Gestalt. „Lesij" ist ein graufarbiger Riese mit endlos langen Klauen an seinen Fingern. Den gesamten Körper bedecken zottlige, verfilzte Haare. Meist zeigt er sich in der Gestalt eines Mannes. Seine Augen leuchten wie glühende Kohlen. In den Mythen ist er der Herr, und wer sein Haupt vor ihm bis zu Erde verneigt, ist vor ihm sicher.

Onoprienkos folgenschwerer Hass auf seine Lehrerin

Einst stand die Ukraine in der sowjetischen Industrialisierungspolitik an vorderster Stelle. Mit den Produktionsstätten für Eisen und Stahl im Ural und in der Ukraine hatte die Sowjetunion in den 60er-Jahren sogar die USA überflügelt. Das am Dnjepr liegende ukrainische Industriezentrum in Saporoschje zählte zu den bedeutendsten Eisengießereien der ganzen Welt. Die Bevölkerung hatte Arbeit und Brot. Dann versank das vormals so mächtige russische Reich in Armut. Die einst stolzen Lieder verstummten zu melancholischen Trauerliedern.

Schon bald wurde in den Industriestaaten Eisen durch Kunststoffe ersetzt. Die Eisenindustrie der Ukraine musste einen herben finanziellen Rückschlag erleiden. Tiefgreifende Veränderungen in der Struktur der Wirtschaft wurden notwendig. Doch so sehr man sich anstrengte, die Schwerindustrie konnte nicht wiederbelebt werden, denn die erhofften und notwendigen Subventionen durch den Staat blieben aus. Das Land fiel von einer Reform in die andere. Den miserabel entlohnten Arbeitern blieb letztendlich Hunger und Not.

Plötzlich erinnerte man sich wieder an die beschwörenden Worte Lenins, der 1923 niederschrieb:

„Wir müssen uns, koste was es wolle, zur Erneuerung unseres Staatsapparates die Aufgabe stellen, erstens: zu lernen, zweitens zu lernen und drittens zu lernen ..."

Sicher hatte der damals todkranke Lenin diese beschwörende Formel nicht nur an die Schüler des Landes gerichtet. Doch nun sollten diese Worte plötzlich zum Leitgedanken des vernachlässigten Bildungswesens des ganzes Landes werden. So wurden Physik und Chemie verstärkt gelehrt, auch in den entlegensten Schulen des Landes.

Die Lehrerin Seitschenko ist besonders stolz darauf, dass man gerade ihre kleine Realschule, in der sie arbeitete, so reichlich mit technischen Geräten für den Unterricht ausgestattet hat. Viele der Schüler schätzen die vielfältigen Demonstrationsmöglichkeiten im Physikunterricht. Einem Schüler liegt dieses Fach jedoch nicht. Die zu erlernenden Formeln sind ihm ein Graus, und dies missfällt vor allem seiner Lehrerin. So sehr sie sich auch bemüht, den Schüler für das Lehrfach zu interessieren, so sehr zieht er sich zurück.

Die streng nach hinten gekämmten, grauen Haare und die große, starke Brille verleihen der Pädagogin eine gewisse Strenge und Autorität. Anatolij kann die Lehrerin nicht ausstehen. Wen wundert es, dass dieser Schüler nur mit Abscheu an die Physikstunden zurückdenkt. Diese Lehrerin erreicht es schließlich auch, dass der Schüler Anatolij Onoprienko von der Schule verwiesen wird.

„Das wird sie noch bereuen", vertraut Onoprienko damals einem Freund an. „Sie wird sich noch an mich erinnern, wenn ich sie eines Tages wieder besuchen werde. Das hat sie nicht umsonst mit mir gemacht, sie wird noch dafür büßen, irgendwann."

Onoprienko macht sein Versprechen wahr

Der unrühmliche Abgang von dieser Schule wird für Anatolij Onoprienko sein Leben lang zum Albtraum. Alle negativen Erlebnisse auf seinem Berufsweg führt er auf die schlechte, in seinen Augen ungerechte, Beurteilung dieser Lehrkraft zurück. Immer wieder denkt er zurück: Hätte er diese Schule erfolgreich beenden können, hätten ihm sicher lukrativere, gute Arbeitsmöglichkeiten im ganzen Lande offen gestanden.

Es vergehen Jahre, bis er wieder heimlich vor den Pforten dieses Hauses steht. Oft steht er stundenlang vor dem Haus und beobachtet nur drei nebeneinander liegende Fenster in diesem Gebäude. Er weiß, hinter ihnen verbirgt sich der Physiklehrraum der Schule. Wie zu seiner Zeit lehrt in diesem Saal noch immer dieselbe Lehrerin, Frau Ewgenija Seitschenko. Die nun fast 60-Jährige mit der großen Brille auf der Nase hat ihre inzwischen fast völlig ergrauten Haare noch immer zu einem Knoten gebunden.

Onoprienko kennt nicht nur die Arbeitsstätte dieser Frau. Längst weiß er, wo sie wohnt, wie sie lebt und wie sich ihre Familie entwickelt hat. Durch seine heimlichen nächtlichen Besuche, auch vor ihrem Privathaus, ist ihm weiter bekannt, dass sie einen Sohn hat. Der Sohn ist inzwischen verheiratet und er lebt mit seinen zwei kleinen Kindern in dem Haus seiner Mutter.

1995 zieht es Onoprienko ein letztes Mal zu dem Haus der verhassten Lehrerin. Unzählige Morde hat er zwischenzeitlich begangen. Kinder und Frauen hat er niedergemetzelt in einem Rausch der Rache, gegen alle und gegen alles. Doch die Krönung all seiner Verbrechen sollte in diesem kleinen Einfamilienhaus geschehen.

Diese Lehrerin sollte einen Vorgeschmack auf die Hölle erleben. Das war sein erklärtes Ziel.

Der grenzenlose Hass gegen diese Frau lässt Onoprienko in Depressionen verfallen. Erstarrt in sich selbst, sucht er nach einer Erklärung seines verpfuschten Lebens. Und er findet sie. Wieder gerät er in den Bannkreis des Bösen. Er will ihn ausmerzen, ein für alle Mal, den Stachel, der sein Leben zum Schlechten gewendet hat. Sein Alltag wird geprägt von der Erinnerung. Er will die Erinnerungen verdrängen, doch es gelingt ihm nicht. In seiner Rache nimmt er keine Notiz mehr von der Gefahr, erwischt zu werden. Er will das Schreckliche, das seine Seele zermartert, ausmerzen. Apathisch sitzt Onoprienko da und ist innerlich hingerissen vom Bild der zerstörten Seele seiner ehemaligen Lehrerin. Zusammengekrümmt soll sie in ihrem Blut auf den Tod warten. Schreien, ja flehen soll sie um ihr Leben und ihm Genugtuung leisten für alles, was sie ihm angetan hat.

Gedankenverloren sitzt Onoprienko im Zug, der ihn in seine Vergangenheit bringen soll. Er blickt aus dem Fenster, doch die Landschaft, die an ihm vorüberfliegt, berührt ihn nicht. Seine düsteren Gedanken gelten nur einer Person, der Physiklehrerin Ewgenija Seitschenko.

Onoprienkos Ziel ist ein kleines verschlafenes Nest in der Ukraine. Aufgrund der späten Stunde ist kein Mensch mehr auf der Dorfstraße zu sehen. Durch die Fenster der kleinen Höfe des Dorfes flimmert blauweißes Licht. Wer sich den Luxus eines Fernsehers leisten kann, sitzt gespannt vor der „Kiste“, wie man auch in der Ukraine zu den Geräten, die den Alltag vergessen lassen, sagt.

Gemütlich hat sich die gesamte Familie Seitschenko am Tisch versammelt und wartet auf das Abendbrot, das die Tochter des Hauses zubereitet. Doch man will warten, denn die Lehrerin Seitschenko ist noch nicht zu Hause.

„Sicher gibt sie wieder Nachhilfeunterricht“, stellt ihr Sohn fest. „Komm, lass uns mit dem Abendessen beginnen, sie kommt heute bestimmt erst später.“

Ewgenija Seitschenko, die den ganzen Tag Unterricht erteilt hat, ist froh, dass ihr Sohn eine so tüchtige Hausfrau und Mutter gefunden hat. Die kleinen Enkelkinder halten die Frau auf Trab, und damit sie ihnen noch ein paar zusätzliche Freuden bereiten kann, gibt sie nebenbei Nachhilfeunterricht.

Doch an diesem Tag geht sie, entgegen ihren Gewohnheiten, nicht nach Hause. Sie hat eine langjährige Freundin getroffen und übernachtet bei ihr.

„Die Jungen werden auch einen Tag ohne mich auskommen“, entschuldigt sie ihr ungewöhnliches Verhalten.

Währenddessen fährt der letzte Zug in dem kleinen Bahnhof des Dorfes ein. Nur ein Mann entsteigt dem Abteil. Im Dunkeln betritt er den einzigen Bahnsteig. Er hat Mühe sich zurechtzufinden, denn längst brennen keine Lichter mehr auf diesem verlassenen Bahnhof. Zu selten verlässt ein Reisender um diese Zeit den letzten Zug.

Fluchend stapft Onoprienko durch das Gelände, bis er zum Ausgang des Bahnhofes gelangt. Langsam schreitet er die Dorfstraße entlang, bis er sein Ziel vor Augen hat: das Haus seiner ehemaligen Lehrerin Seitschenko. Sein einziges Gepäck ist ein in Plastiktüten eingewickeltes Schrotgewehr.

Langsam nähert er sich dem kleinen Anwesen. Er schleicht sich in den Garten und beobachtet die junge Familie am Esstisch. Er sucht nach dem Ziel seiner Begierde, seiner Lehrerin, doch er kann sie nicht sehen. Immer wieder schleicht er um das Haus. Doch er findet nicht, was er sucht. Inzwischen vergisst er alle Vorsicht und schleicht wie ein wildes Tier um seine Beute. Er glaubt, die Frau ist zu Bett gegangen. Um an sein Ziel zu gelangen, nimmt er den Tod einer jungen Familie in Kauf. Seine Opfer taxiert er sehr genau. Er kann erkennen, dass der junge Mann sehr kräftig gebaut ist. Leise lachend stellt er auch fest, dass dies auch bei seiner Frau der Fall ist.

Längst fürchtet er nicht mehr, entdeckt zu werden. Er will sein Vorhaben vollenden, das Ziel jahrelanger Begierde in die Tat umsetzen. Zerstören und für immer auslöschen will er das, was sein Leben veränderte.

Onoprienko erzählt später, was an diesem Abend vorgefallen ist: „Mein einziger Wunsch war, diese alte Frau zu vernichten. Da ich damals glaubte, sie wäre schon zu Bett gegangen, störte es mich nicht, dass sich in dem Haus auch die junge Familie befand."

„Hatten Sie nicht Angst vor dem kräftigen Mann, den Sie durch das Fenster sehen konnten?"

„Nein", und dabei lacht er, „ich weiß mich zu wehren – in allen Lebenslagen." Dann beginnt er über diesen Abend zu berichten: „Ich klopfte an der Haustür. Der Mann öffnete die Tür. Mit einem Schuss war alles erledigt. Er, der kräftige junge Mann, lag am Boden. Ich glaube, er war sofort tot. Da kam seine Frau und schrie verzweifelt um Hilfe. Auch hier genügten ein paar Schläge. Natürlich waren es gezielte Schläge, gezielte Karateschläge, wie ich sie beherrsche. Da ist sofort Ruhe. Ich wollte von den beiden doch gar nichts. Ich suchte nach der verhassten Frau, wegen der ich die weite Reise gemacht hatte. Doch im ganzen Haus konnte ich sie nicht finden. Meine Wut steigerte sich ins Unermessliche. Da ging ich noch einmal zu der jungen Frau. Ich entlud alle meine Wut an ihr."

„Haben Sie die tote Frau vergewaltigt?“

„Nein, ich habe Sie gebraucht, das ist etwas anderes.“ Onoprienko versucht zu erklären. Doch niemand will es wissen.

Eine Chance, dem bestialischen Mörder zu entrinnen, hatte niemand der im Hause Anwesenden. Die Frau, an der Onoprienko seine unglaublichen Mordgelüste stillen wollte, überlebte. Ihre Kinder starben. „Ersatzweise“, wie Onoprienko später sagt.

Doch an die Tatschilderungen, die zum Tode ihrer Lieben führte, will sie nicht glauben. So stellt sie fest: „Mein Sohn hatte einen offenen Bruch am rechten Arm und eine große Wunde am Bauch. Das linke Bein war auch gebrochen. Seine Brust war zerstochen. Der Mörder behauptet, er habe meinen Sohn mit nur einem Schuss umgebracht. Doch die Brüche und Wunden beweisen für mich eindeutig, dass es einen Kampf gab.“

Der Killer: Ich tötete im Auftrag Adolf Hitlers

Der Psychiater Andrej Zubera und ein leitender Staatsanwalt betreten den kleinen Sitzungssaal im Gerichtsgebäude der Stadt. Man will versuchen, den geladenen ermittelnden Beamten und den Herren der Justiz Leben und Taten des Mörders aus entwicklungspsychologischer Sicht zu erklären. Die bisherigen Tätertypologien, seine Motivation und seinen Antrieb zum Töten versucht man zu analysieren.

Die Reihen der Zuhörerbänke sind voll besetzt, als man Anatolij Onoprienko vorführt. Gefesselt an Händen und Füßen und bewacht von vier Beamten des Sicherheitsdienstes, betritt er den Raum. Das Interesse an diesem Täter ist groß. Jeder will ihn sehen, den Schlächter der Nation und aus seinem Munde erfahren, wie er über seine Taten und seine Opfer denkt.

Onoprienko wirkt krank, er hat mehrere Kilo an Gewicht verloren seit seiner Inhaftierung. Es scheint ihm nicht gut zu gehen. Blass wirkt er in seinem braunen Pullover und seinem blaukarierten Hemd, das er seit seiner Verhaftung trägt. Sein rotblonder Stoppelbart lässt ihn ungepflegt aussehen.

Wer von den Anwesenden geglaubt hatte, ein reuiger Täter würde nun präsentiert, sollte sich mächtig täuschen. Die zunächst fast demütige Haltung Onoprienkos bei seiner Vorstellung zur Person wechselt abrupt ins Gegenteil, als man ihn über seine Taten befragt. Absolute Ruhe beherrscht den Raum, als der Psychiater mit dem Frage-Antwort-Spiel beginnt.

„Was ist in Ihnen vorgegangen, als Sie Ihre Opfer grauenhaft töteten?"

„Gar nichts", antwortet er trotzig. „Jeder Fall war anders. Alles, was ich vollbringen musste, lief auf einer anderen Ebene ab. Sie müssen Ihre Fragen schon sehr viel spezifischer stellen, damit ich darauf antworten kann", rügt er den Psychiater. „Ich bin nicht der dumme Mensch, den Sie hier vorführen wollen. Ich bin ein Wissenschaftler und Arzt und möchte auch so behandelt werden."

Ein Raunen geht durch den Saal. Die Selbstsicherheit Onoprienkos schockt die Zuhörer förmlich. Onoprienko schließt in einer unvorstellbar arroganten Art die Augen und lässt keine Möglichkeit offen, zu zeigen, dass er hier nicht der Befragte sein will, sondern der Aufklärer.

„Also gut", nimmt der Psychiater erneut einen Anlauf. „Beschreiben Sie uns bitte ..."

Onoprienko unterbricht den Psychiater erneut und lächelt ihn dabei hämisch an: „Das gefällt mir schon viel besser."

„Also Herr Angeklagter, bitte schildern Sie uns doch den Tathergang in Malinsk. An diesem Ort haben Sie neun Menschen getötet, darunter auch ein Kind. Was haben Sie dabei gefühlt und innerlich erlebt, als Sie die Menschen töteten?"

„Gefühle hatte ich dabei nicht zu haben. Ich hatte einen Auftrag auszuführen und das habe ich versucht, gewissenhaft zu tun." Der Klang seiner Stimme lässt die Zuhörer zusammen schrecken.

„Wer hat Ihnen diesen Auftrag gegeben?", will man von ihm wissen.

Da wird der launige Finsterling ungehalten und raunzt den Psychiater an: „Das habe ich in all den unzähligen Sitzungen bei Ihnen doch schon hundert Mal versucht zu erklären."

„Sicher, aber die anwesenden Damen und Herren wollen auch darüber informiert werden, deshalb meine Frage", erklärt der Psychiater fast entschuldigend.

„Adolf Hitler", kommt es wie aus der Pistole geschossen.

„Wer?"

„Ich sagte Adolf Hitler", antwortet er bestimmt. Onoprienko hebt den Finger in die Höhe und will damit demonstrieren, wie bedeutungsvoll dieser Name für ihn ist.

„Der ist doch schon lange tot. Als er in Deutschland die Macht besaß, waren Sie doch noch nicht einmal auf der Welt. Wie soll er Sie dann mit dem Töten unschuldiger Menschen beauftragt haben?"

„Oder war es nicht auf dieser Welt?", fragt der Psychiater spöttisch nach.

„Es war im Universum, als ich Adolf Hitler traf", stellt Onoprienko klar.

„So so, im Universum haben Sie also Adolf Hitler getroffen? Und welchen Auftrag gab er Ihnen da?", fragt der Psychiater, und Ironie liegt in seiner Stimme.

„Ich sollte den Dritten Weltkrieg beginnen. Leider konnte ich seinen Auftrag nicht erfüllen. Denn er verlangte von mir, an jedem Tag einen Menschen zu töten. 365 Tote im Jahr. Das habe ich leider nicht geschafft. Das muss ich leider zu meinem Bedauern zugeben."

„Diesen Befehl haben Sie also von Adolf Hitler selbst bekommen?" Diese Frage stellt der Psychiater mit einem erneut ironischen Unterton, der Onoprienko gar nicht behagt.

Seine Antwort kommt prompt: „Ja, von Adolf Hitler! Aber ich möchte jetzt nicht mehr über dieses Thema sprechen. Sie können das wohl sowieso nicht begreifen."

„Gut. Dann versuchen Sie uns doch zu erklären, warum Sie auch Frauen und Kinder getötet haben?"

„Weil ich den Auftrag dazu hatte. Zu mir wurde nicht gesagt: ‚Du sollst nur Männer töten'. Es war meine Pflicht, und ich habe es erledigt. Ich bin jedoch bereit, Ihnen ein Beispiel meiner Impfungen zu dokumentieren, damit sie daraus ersehen können, wie gewissenhaft ich meine Aufgabe erfüllt habe. Am 25. Dezember fuhr ich nach Malinsk. Ich schlich mich an ein neu gebautes Haus heran. Es hingen noch keine Vorhänge. So konnte ich durch das Fenster sehen und darauf warten, bis alle schliefen. Dann klopfte ich an die Türe. Verschlafen öffnete mir der Hausherr. Ich erschoss ihn sofort. Dann kam ein Junge an die Türe, er muss die Schüsse gehört haben, und es krachte erneut. In einem kurzen Nachthemd kam dann seine Mutter und flehte mich an, als sie ihren Mann und ihren Sohn in ihrem Blut auf dem

Boden liegen sah: ‚Bitte nicht schießen. Bitte nicht schießen. Bitte, bitte.' Ich erfüllte ihr ihre Bitte und erschlug sie mit einem Prügel, den ich vor dem Haus fand und vorsichtshalber mitgenommen hatte."

Die Zuhörer sind geschockt von den kaltblütigen Ausführungen Onoprienkos.

Es vergehen Minuten des Schweigens, bis der Psychiater sich wieder gefasst hat und ihn fragt: „Ist es richtig, dass Sie die Frauen, die Sie töteten, auch vergewaltigt haben?"

Onoprienko wirkt äußerst gefasst und konzentriert bei der Antwort auf diese Frage. Er faltet die Hände wie zu einem Gebet und sagt: „Als ich diese Frau in Malinsk zum Beispiel erschlagen habe, und da war sie sicher schon tot, habe ich sie benutzt."

„Also haben Sie diese arme Frau, selbst als Sie schon tot war, missbraucht. Finden Sie das normal?"

Onoprienko erhebt sich von seinem Stuhl, was den Sicherheitsbeamten missfällt. Sie versuchen, ihn wieder auf seinen Stuhl niederzudrücken, doch er protestiert lauthals. „Ich möchte diese Frage im Stehen beantworten! Damit mich alle in diesem Saale hören und vielleicht verstehen können."

„Lassen Sie mal", der Psychiater deutet den Sicherheitsbeamten an, Onoprienko stehen zu lassen.

Onoprienko hebt seine gefesselten Hände in Kopfhöhe, deutet mit dem Zeigefinger auf den Psychiater und sagt: „Ob es normal ist oder nicht, das herauszufinden ist Ihre Aufgabe. Nicht meine!"

„Ich kann Ihnen nur sagen", fährt er mit seiner Rede fort, „ich habe bei allem, was ich tat, dabei genauso eine Selbstanalyse durchgeführt wie bei diesem Gespräch. Das war sehr außergewöhnlich, wenn ich daran zurückdenke ... "

„Waren Sie betrunken, als Sie die Taten ausführten?", wird er unterbrochen.

„Nein, nie. Ich war nicht betrunken, ich war ganz klar im Kopf. Ich bin ein Mensch, ja sogar ein Supermensch, habe ich damals festgestellt. Und dabei tue ich so etwas. Ich habe mich dabei selbst von der Seite beobachtet und fand das ganz interessant und wirklich außergewöhnlich."

Dann unterbricht Onoprienko seine Rede und blickt jeden der Zuhörer einzeln an. Nach einer Weile berichtet er weiter: „Ich bin nicht wie all die Täter, die schon vor Ihnen gestanden haben", versucht er seinen Zuhörern zu erklären. „Ich bin ein Supermensch. Ein Wissenschaftler von besonderer Güte. Meine Aufgabe war es, die Menschen zu untersuchen, die ich tötete. Genauestens zu untersuchen, verstehen Sie?"

Dann dreht er sich zu dem Psychiater und teilt ihm unmissverständlich mit: „Ich möchte jetzt Schluss machen."

„Wir hätten aber noch so viele Fragen an Sie", versucht der Psychiater, Onoprienko von seinem Vorhaben abzubringen.

„Aber ich keine Antworten mehr", stellt er energisch fest und steht erneut von seinem Platz auf. Er bittet die Sicherheitsbeamten, ihn wieder in seine Zelle zurückzubringen. Die verdutzten Polizisten blicken den Psychiater an, der nur mit dem Kopf nickt.

„Einen Anatolij Onoprienko zwingt man nicht zu Antworten, die er nicht geben will", sagt er beim Verlassen des Raumes und verschwindet.

Zurück bleibt ein verdutzter, hilflos wirkender Psychiater, der nun seinen Zuhörern vergebens versucht, das Verhalten Onoprienkos zu erklären.

Gibt es ein religiöses Mordmuster?

Viele selbst ernannte Forscher beschäftigen sich mittlerweile mit dem Aufsehen erregenden Fall Anatolij Onoprienko. Sie haben zumindest eine gewisse Logik in Onoprienkos unbegreiflichen Taten entdeckt. Vor allem Journalisten, die immer wieder von ihren Redaktionen genötigt werden, Neues in diesem Fall zu liefern, kommen auf die ungewöhnlichsten Gedankengänge. Stolz verkündet ein Reporter vor der Fernsehkamera: „Anatolij Onoprienko tötete im religiös-wahnsinnigen Mordmuster des blutigen Kreuzes." Stolz verkündet er seine neuesten Erkenntnisse: „Wenn man die verschiedenen Tatorte mit Linien verbindet, ergeben sich immer wieder Kreuze, quer durch die Ukraine. So, als wolle der Täter das Land ausradieren."

Dabei hält er eine Landkarte der Ukraine vor die Kamera, die von einem riesigen, über dem Land liegenden Kreuz beherrscht wird. Es ist 400 Kilometer lang und fast 250 Kilometer breit. Von der Stadt Oljewsk, die vier Tote zu beklagen hatte, nahe der polnischen Grenze, bis nach Wassiljewka mit ebenfalls vier Opfern im Süden des Landes erstreckt sich der Längsbalken. Im unteren Drittel wird die Stadt Malinsk eingetragen mit neun Toten. An der oberen Seite des Balkens wird die Stadt Dnjepropetrowsk mit zwei Toten angegeben. Der Querbalken des Kreuzes erstreckt sich von Sumy mit zwei Toten bis zur Stadt Odessa, in der der Täter drei Menschen bestialisch ermordete. Die Grafik lässt keinen Zweifel, Onoprienko tötete im „Zeichen des blutigen Kreuzes".

Die sehr religiösen Menschen in der Ukraine bekreuzigen sich auf der Straße, als sie die Bilder und Überschriften in ihrer Tageszeitung sehen. Hysterie macht sich breit, und die Geistlichen des Landes haben Mühe, ihren Schäflein eine Erklärung zu geben. Immer wieder fällt der Name Jesus Christus im Zusammenhang mit dem Namen einer Ausgeburt unserer Gesellschaft. Niemand achtet darauf, dass auf dieser Landkarte nur 24 Opfer eingetragen wurden. Dabei liegt zu diesem Zeitpunkt längst das Geständnis des Täters Anatolij Onoprienko vor, in dem er 52 Morde gestanden hat.

Fügt man die Tatorte der restlichen Opfer in die Landkarte ein, ist von einem Zeichen des Kreuzes nichts mehr zu erkennen. Man kann nur eines erkennen auf dieser blutigen Landkarte: Onoprienko suchte seine Opfer unwillkürlich im ganzen Lande. Seine grausame Spur zog er wahllos, nur von der Lust zu töten getrieben, durch das ganze Land Ukraine.

Als Anatolij von den Leitartikeln in den Tageszeitungen erfuhr, hatte man ihm eine neue Variante der Darstellung seiner Taten geliefert. Er erkannte, dass nun wieder einmal sein schauspielerisches Talent gefragt sei. Denn noch viele Menschen aus der Bevölkerung fragten sich, ob es wirklich ein religiöses Mordmuster für seine Taten gibt.

Vielleicht wurde er erst durch die Journalisten darauf aufmerksam gemacht. „Himmlische Kräfte haben mich geleitet. Meine Tatorte habe ich mir auf einer Karte der Ukraine ausgesucht. Ihre Lage soll an die Form eines Kreuzes erinnern“, versucht er zu erklären.

Die Einsamkeit der kargen Zelle und die unglaubliche Geltungssucht dieses Täters sind wohl die Erklärung für seine Worte, die er dem Gericht auf die Frage präsentiert: „Haben Sie im Zeichen des Kreuzes oder eines Gottes gehandelt?“

Onoprienko antwortet: „Ja, denn ich lasse es nicht zu, dass es einen Gott gibt!“

Ein russischer Journalist fragt ihn in der Verhandlungspause: „Sie haben einmal gesagt, dass es magische Kräfte waren, die Sie zu diesen Taten getrieben haben. Meinen Sie damit himmlische Kräfte? Im Zeichen des Kreuzes Jesu Christi?“

Er erhält als Antwort: „Auch ich bin eine kosmische Kraft. Ein Mensch, wenn Sie so wollen, ausgesandt, um die Erde zu reinigen und den Menschen zu zeigen, wie unwichtig ihr Dasein für den Kosmos, das Übernatürliche ist. Ich bin wie ein Gott. Auch ich habe viele Anhänger und vor allem viele Nachfolger. Sollte mich dieses Gericht zum Tode verurteilen und die Strafe vollstrecken, werden meine Nachfolger mein Werk weiterführen. Denken Sie einmal darüber nach. Ich habe gesagt: Ich lasse es nicht zu, dass es einen Gott gibt. Dabei habe ich nicht gesagt, wer das zukünftige Universum regieren wird.“

Einem Journalisten, der jeden Verhandlungstag im Strafprozess verfolgte, vertraut Onoprienko an: „Von mir wird bald ein Doppelgänger das Gerichtsgebäude betreten. Achten Sie auf einen Mann, der ein tätowiertes Kreuz auf der Hand trägt. Er wird mein Nachfolger sein. Die ganze Welt sollte auf ihn Acht geben. Man wird von ihm noch vieles vernehmen können, von dem diese Welt noch nichts erfahren hat.“

Monate vergehen, und es gibt keinen männlichen Besucher in dem Gerichtssaal, der solch ein tätowiertes Kreuz trägt.

Immer wieder fragt man sich, ob es wirklich ein religiöses Mordmuster für seine Taten gibt. Das blutige Kreuz, Zufall oder grausiges Mordmuster? Niemand wird diese Frage beantworten können. Psychologen haben versucht, diese Behauptung Onoprienkos zu analysieren. Fast einstimmig kam man zu dem Ergebnis: „Onoprienko war kein gläubiger Mensch. Er sagt von sich selbst: ‚Ich lasse nicht zu, dass es einen Gott gibt.' Warum sollte er dann ein christliches Symbol als Mordmuster verwenden?"

Tötete Onoprienko auch in Deutschland?

Wie versteckt, in einer Seitenstraße, steht der riesige, über 100 Jahre alte Gefängnisbau Zhitomirs. Viele Mehrfachtäter wurden hier meist für sehr lange Zeit verwahrt. Eine Ausnahme machte man mit solchen Killern wie Anatolij Onoprienko.

Die Vollstreckung der Todesstrafe schob man nicht lange hinaus. „Mörder, die zum Tode verurteilt waren, wurden nicht lange durchgefüttert", wie sich ein Beamter der Strafanstalt ausdrückt. Und er muss es wissen, denn seit über 40 Jahren verrichtet er hier seinen Dienst.

„Es wurde nicht lange gefackelt. War ein Häftling vom Gericht zum Tode verurteilt worden, wurde die Strafe oft noch am selben, meist aber am nächsten Tag vollstreckt", erzählt er weiter.

„Wie geschah dies?"

„Ich muss immer wieder lachen, wenn ich die Berichte aus Amerika lese oder im Fernsehen verfolge. Dort kommen die Gefangenen oft erst nach 10 oder 15 Jahren auf den elektrischen Stuhl. Sie erhalten eine Henkersmahlzeit, die sie sich auswählen dürfen. So etwas gab es bei uns nie. Man holte den Gefangenen aus seiner Zelle und führte ihn auf den für Hinrichtungen vorgesehen Platz. Man sagte ihm, dass nun sein Leben zu Ende gehe, denn er sollte schließlich noch etwas Zeit haben, über alles nachzudenken."

Dabei grinst der Beamte sarkastisch und fährt fort: „Einer der Beamten zog dann seine Pistole und tötete ihn mit einem Schuss in den Hinterkopf. Das ging kurz und schmerzlos. Ach ja – das hätte ich bald vergessen – natürlich mussten sich die Delinquenten hinknien. Das machte es den Beamten leichter, einen gezielten Schuss anzubringen."

„War der Todeskandidat dann auf der Stelle tot?"

„Meistens ja, aber manchmal musste man eine zweite Kugel investieren. Aber das war selten und dem Vollstrecker sehr unangenehm. Denn wem dies widerfuhr, durfte nie mehr eine Todesstrafe vollstrecken. Das hieß, er konnte sich kein zusätzliches Geld mehr verdienen. Denn dafür gab es ein, sagen wir, Sonderhonorar."

„Ich glaube, man braucht sie nicht zu fragen, ob sie persönlich für die Todesstrafe sind?"

„Nein, das brauchen sie nicht. Wenn es sicher ist, dass ein Mensch einen anderen getötet hat, hat er für mich keinen Anspruch mehr, weiterzuleben. Er soll genauso getötet werden, wie er sein Opfer getötet hat."

„Und wie denken Sie darüber bei ihrem derzeit prominentesten Mehrfachtäter Anatolij Onoprienko?"

„Leider bin ich nicht für seine Zelle zuständig, doch meine Kollegen werden sicher in der richtigen Form mit diesem Schwein umgehen. Für ihn sollte man 52 Kugeln investieren. Er sollte 52-mal sterben. Erst der letzte Schuss sollte ihn wirklich töten. Haben Sie die Bilder seiner Opfer nicht gesehen? Hat der Mann noch eine Lebensberechtigung, der einem Kind den halben Kopf wegschießt und sich dann darüber wundert, dass es noch lebt? Ich würde es mit ihm genauso tun. Er soll sehen und spüren, was seine Opfer erdulden mussten."

„Glauben Sie, dass sich der Staatspräsident Leonid Kutschma mit seiner Forderung, in Onoprienkos Fall eine Ausnahme zu machen und ihn hinrichten zu lassen, durchsetzt?"

„Ich wünsche es mir, aber ich glaube es nicht. Als Mitglied des Europarates sind ihm die Hände gebunden. Aber ich glaube ganz sicher, dass sich der Fall Onoprienko auch von ganz alleine löst. Ich gebe ihm nicht mehr lange zu leben."

„Wie meinen Sie das?"

„Ihn wird eine Kugel treffen, wahrscheinlich bei einem Fluchtversuch. Oder er stirbt durch die Hand eines Mithäftlings. Dieser könnte sich sicher sein, dass seine Essensportionen ab jenem Tag größer ausfallen würden ... Onoprienko hat nicht nur in unserem Lande getötet, da bin ich mir ziemlich sicher. Er war doch ständig unterwegs, in ganz Europa."

Dabei muss man dem Mann Recht geben. Der Killer Anatolij Onoprienko gestand in einem Verhör bei der Polizei: „Ich töte schon seit sieben Jahren, habe noch mindestens weitere 50 Menschen umgebracht."

Er vergaß in diesem Verhör auch nicht, seine Aufenthalte in Deutschland und Österreich zu erwähnen.

Der vernehmende Beamte kann sich noch erinnern: „Am Anfang mordete Onoprienko, um seine Opfer berauben zu können. Später fand er Gefallen am Töten."

Aufgrund dieser Aussage hat das ukrainische Innenministerium Interpol um Amtshilfe gebeten. Ungeklärte Morde in Deutschland und Österreich sollen neu untersucht werden. Interpol ist vor allem durch die Aussage Onoprienkos geschockt: „Ich tötete wie ein Roboter."

Interpol recherchiert das Leben Onoprienkos. Im Februar 1990 hat er bereits neun Morde in der Ukraine verübt. Dann fährt er über Ungarn und Jugoslawien nach Griechenland. Ohne Papiere reist er im August 1991 nach Italien ein. Sein nächstes Ziel ist Deutschland, er fährt über die Schweiz. Während dieses Aufenthaltes rühmt sich Onoprienko, über 100 Diebstähle begangen zu haben. Mit dem Auto besucht Onoprienko im Dezember 1993 Frankreich und Spanien. Nachdem ihn diese Länder nicht aufnehmen wollen, kehrt er nach Deutschland zurück. Österreich ist im September 1994 sein nächstes Reiseziel. Im Januar 1995 verhaftet man ihn erneut in Deutschland.

Die Sicherheitsdirektion in Burgenland (Österreich) sucht nach Spuren von Gewaltverbrechen, die Onoprienko hinterlassen haben könnte. Alle ungeklärten Fälle in diesem Zeitraum werden von Beamten der Sicherheitsdirektion überprüft. Doch schon bald verschwindet die Akte Onoprienko in den Archiven.

Auch die deutsche Polizei überprüft für den Zeitraum, in dem er sich im Lande aufhielt, alle ungeklärten Mordfälle. Nachdem sich herausstellt, dass Onoprienko unzählige falsche Namen bei seinen Reisen benutzte, wird auch hier die Akte bald wieder geschlossen.

So bleiben nur Vermutungen. Die Wahrheit darüber, ob und wie oft Onoprienko auch im Ausland getötet hat, wird er wohl mit in sein Grab nehmen.

Eines seiner Opfer überlebt

Man schreibt den 25. Dezember 1995, den Ersten Weihnachtsfeiertag, als Onoprienko auf der wenig befahrenen Landstraße nach Letjev fährt. Er sucht nach einem neuen Auto, da ihm der Wagen, den er bisher benutzte, zu unsicher wird. Er ist sicher schon zur Fahndung ausgeschrieben, denkt er sich. Immer wieder fährt er die einsame Landstraße auf und ab, stets auf der Suche nach einem neuen Fahrzeug. Doch auf dieser Straße gibt es keine Raststätten, an denen Fahrer sich eine Pause gönnen. Außerdem kommt hier nur selten ein Wagen vorbei, schon gar nicht an den Weihnachtsfeiertagen.

Plötzlich bleibt Onoprienko bei einer Baumgruppe stehen. Er versteckt seinen Wagen hinter mächtigen Büschen und geht langsam auf die Straße zu. Seine Aufmerksamkeit richtet sich auf die seltenen vorbeifahrenden Autos, und er überlegt, wie er einen dieser Fahrer zum Halten seines Fahrzeuges bringen könnte. Dabei fällt ihm eine List ein.

Der 39-jährige Lkw-Fahrer Iwan Bakanetz hat an diesem Tag noch eine kleine Tour vor sich. Er muss seinen 7,5-Tonner, den er erst seit wenigen Monaten besitzt, noch abbezahlen. Deshalb kommt ihm ein Auftrag gerade an einem Feiertag recht gelegen. Denn an diesen Tagen erhält er eine höhere Entlohnung als an den übrigen Tagen des Jahres.

Auch er benutzt an diesem herrlichen Wintertag die Landstraße nach Letjev. Er denkt dabei an seinen fünfjährigen Sohn, der diesen Nachmittag eigentlich mit seinem Vater verbringen wollte. Die Straße ist leer. Äußerst selten kommt ihm ein Fahrzeug entgegen. Er tritt noch stärker auf das Gaspedal, um schneller nach Hause zu seiner Familie zurückkehren zu können. Da erkennt er von weitem einen orangeroten Gegenstand am Fahrbahnrand. Er drosselt seine Fahrgeschwindigkeit und nähert sich immer mehr diesem offensichtlich herrenlosen Objekt.

Er ist bereits bis auf wenige Meter herangekommen. Längst hat er erkannt, dass es sich bei dem Fundstück um eine größere Gasflasche handelt, eine heiß begehrte Ware in der Ukraine. Sein Wagen kommt an der Böschung der Landstraße zum Stehen. Er parkt so, dass die Flasche direkt neben der Hecktüre seiner Ladefläche steht. Noch einmal schaut er die Gegend ab, doch er kann niemanden sehen, dem diese Flasche gehören könnte.

Derartige Gasflaschen werden meistens auf einem Gepäckträger auf dem Dach der Autos transportiert, und es kommt schon vor, dass sich die schweren Behälter selbstständig machen. „Die ist mit Sicherheit vom Wagen auf den seitlichen Grünstreifen gefallen. Deshalb hat der Fahrer nichts gehört und den Verlust nicht bemerkt", stellt er fest.

Iwan blickt noch einmal in seinen Rückspiegel und ist froh, dass kein anderes Kraftfahrzeug gerade in diesem Augenblick vorbeifährt und ihn niemand dabei beobachtet, wie er die Flasche einlädt. Behäbig verlässt er sein Fahrzeug. Er geht zur Fundstelle und stellt erfreut fest, dass es sich dabei um einen fast neuen Gasbehälter handelt. „Die Fahrt hat sich gelohnt", denkt er und schließt seine Ladefläche auf. Er hebt die Flasche auf und verstaut sie. Bevor er die Türe wieder schließt, blickt er noch einmal die Landstraße entlang und schaut, ob ihn denn auch wirklich niemand gesehen hat. Beruhigt, dass sich kein Fahrzeug weit und breit befindet, dreht er sich zu seinem Wagen um. Er will gerade den Schlüssel in das Schloss einführen, als er einen mächtigen Schlag am linken Ellenbogen seines Armes verspürt. Er fällt zu Boden. Die Schmerzen werden unerträglich. „Das war ein Schuss", stellt er noch fest. Instinktiv stemmt sich der kräftige Mann hoch, wirft die Türe ins Schloss und rennt zum Führerhaus. Er spürt das Blut, das aus seiner Lederjacke fließt. Er reißt mit letzter Kraft die Türe auf, springt auf seinen Fahrersitz, legt einen Gang ein und fährt davon. „Nur weg von hier", ist sein einziger Gedanke.

Diesem Mann gelang es als einzigem Menschen, sich mit viel Glück aus den Klauen der Bestie der Ukraine zu befreien. Er hatte einen Angriff Onoprienkos überlebt.

Was genau war vorgefallen? Wütend war Onoprienko aus seinem Versteck gerannt. Er hatte die Gasflasche als Köder ausgelegt und nicht damit gerechnet, dass ausgerechnet ein Lastwagen anhalten würde. Wegen der großen Ladefläche konnte er den Fahrer nicht sehen. Onoprienko hatte nur einen Bruchteil an Zeit, um zu schießen. Ob er den Fahrer mit dem Schuss getroffen hatte, wusste er nicht. Ihm war bekannt, dass viele Lkw-Fahrer bewaffnet sind. Deswegen wartete er ab, wie der Fahrer reagieren würde, wenn er dazu überhaupt noch in der Lage sein sollte. Onoprienko schlich sich aus seinem Versteck, die Waffe stets im Anschlag. Nur noch wenige Meter waren es bis zum Wagen. Da sah er den Fahrer einsteigen. Onoprienko wollte die Beifahrertür aufreißen, doch sie war verschlossen. Der Wagen setzte sich bereits in Bewegung, und Onoprienko konnte nur noch vom Wagen springen. Wutentbrannt schoss er dem Lkw hinterher.

Tags zuvor hatte er die Gasflasche geklaut. Nun war sie weg, und ein neues Fahrzeug war auch nicht in Sicht. Wie sollte er hier ein anderes Auto stoppen, ohne Lockmittel? Mit einer unsäglichen Wut und großer Enttäuschung verlässt er den Platz seiner einzigen Niederlage.

Jahre später berichtet der Lkw-Fahrer Iwan Bakanetz selbst über den weiteren Verlauf seiner Fahrt an diesem Ersten Weihnachtsfeiertag des Jahres 1995. Er hebt den Hemdsärmel seines linken Armes. Man kann eine circa

10 cm lange Operationsnarbe oberhalb des Ellbogens erkennen. Er deutet darauf und erzählt: „Hier ist die Kugel eingeschlagen." Dann zeigt sein Finger auf das Ende der Narbe: „Und hier ist sie wieder ausgetreten. Eine Kugel befindet sich noch im Arm. Die Ärzte konnten sie bisher nicht herausoperieren. Noch heute spüre ich sie unter meiner Haut."

Der drahtige, hart wirkende Mann berichtet, wie es ihm ergangen ist nach der Flucht: „Schon nach wenigen Kilometern hatte ich wahnsinnige Schmerzen in meinem linken Arm. Ich fuhr in die nächste Stadt, geradewegs in ein Krankenhaus. Als die Ärzte sahen, dass es sich bei mir um eine Schussverletzung handelte, stellten sie unentwegt Fragen. Ich war froh, als man mich zum Operationsaal fuhr. Nachdem ich wieder aus der Narkose erwacht war, besuchte mich ein Polizist. Als er mir sagte, dass es sich wahrscheinlich um einen Schuss aus der Waffe eines Försters gehandelt habe, da die Waffe ein Schrotgewehr gewesen sei, war ich doch sehr erleichtert."

Erst Monate später sollte Iwan erfahren, wer auf ihn gezielt hatte. Er erzählt: „Als mir bekannt wurde, wer mich da angeschossen hat und ich später in den Zeitungen die Bilder seiner Opfer sah, wurde mir erst bewusst, welch unglaubliches Glück ich hatte. Als die Polizei mich erneut zu den Vorfällen vernahm, lasen sie mir die Aussage Onoprienkos zu diesem Tag vor. Er hatte zu Protokoll gegeben: ‚Natürlich hätte ich dieses Schwein abgeschossen. Ich brauchte doch ein Auto. Ich hatte nicht mehr viel Sprit im Tank. Und wer am Feiertag fährt, der hat bestimmt etwas geladen, das ich hätte verkaufen können. Meine Gasflasche war auch weg. Das ärgerte mich am meisten.'"

Der Lkw-Fahrer Iwan Bakanetz zwinkert mit dem Auge und sagt zum Abschied: „Glauben Sie mir, an einem Weihnachtsfeiertag werde ich nie mehr eine Fuhre annehmen. Ich werde jedes Jahr meine Wiedergeburt feiern."

Der 39-Jährige konnte Anatolij Onoprienko entkommen. 52 andere Menschen, darunter zwölf Kinder, hatten nicht so viel Glück.

Die Gerichtsverhandlung

Es ist der 23.11.1998, als man den 39-jährigen Gefangenen Anatolij Onoprienko in einem der weißgrünen Transportwagen für Gefangene zum Gericht bringt. Zwei Zellen befinden sich in dem rückwärtigen Teil des Wagens, die jeweils für mehrere Häftlinge gebaut und auch genützt werden. Doch an diesem Tag befördert der Transporter nur einen Gefangenen. Der Häftling sitzt stets mit Handschellen gesichert, so auch in dieser Zelle. Man will kein Risiko eingehen.

Im Hof des Gerichtsgebäudes entsteigt Onoprienko dem Transporter und wird von sechs kräftigen Polizisten in Empfang genommen. Er wird an einen der Beamten zusätzlich angekettet. Man will jede Fluchtmöglichkeit verhindern. Langsam steigt die Gruppe die wenigen Treppen zum Gebäudeeingang empor.

Für diesen Prozess stellt der Staatspräsident der Ukraine Leonid Kutschma mehr als 30 000 US-Dollar zur Verfügung. Dazu sind mindestens acht Soldaten für die direkte Bewachung und eine nicht näher bekannte Anzahl von Soldaten für die Absicherung des Gerichtsgebäudes und des Fahrweges nötig. Onoprienko sollte keine Möglichkeit bekommen, sich seiner gerechten Strafe zu entziehen.

Anatolij Onoprienko ist auf der Fahrt zum Gericht gut gelaunt. Ein Journalist, der ihn begleiten darf, wundert sich nicht schlecht, als Onoprienko plötzlich zu sprechen beginnt. Die holprige Landstraße auf dem Weg zur Stadt kann er nicht sehen. Auf der harten Sitzbank in der Autozelle wird er hin- und hergeschüttelt. Onoprienko, der wie immer eine bunte Strickmütze auf dem Kopf trägt, genießt diesen Ausflug ganz offensichtlich. Er, der sich über seine Taten meist ausschwieg und nur äußerst selten darüber sprach, erklärt während dieses Transports den Journalisten: „Ich bereue gar nichts. Ich habe mein ganzes Leben in einem Spielfilm gespielt. Auch vor Gericht spiele ich meine Rolle. Schließlich habe ich es geschafft und bin jetzt mitten drin in einem Film. Ich wollte schon immer ein berühmter Schauspieler werden."

Einer der wahrscheinlich schlimmsten Serienmörder der Geschichte wird zum Movie Star. Mit seiner bunten Wollmütze, seiner bunten Strickjacke und seiner gestreiften Trainingshose fühlt er sich beachtet wie nie zuvor in seinem Leben. Er sonnt sich im Blitzlicht-Gewitter der Fotografen und sucht förmlich nach einer Selbstbestätigung.

Onoprienko fühlt sich auf einen Sockel gehoben, einer Statue gleich, wie ein dämonischer Gott. Nachdenklich, sinnlich gibt er sich. Offensichtlich glaubt er über den Dingen zu stehen. Die verachtenden Blicke seiner Bewacher will er nicht sehen. Er sieht sich als Hauptdarsteller in einem Horrorstreifen, als Selbstdarsteller ohne Happy End.

Er versucht Antworten zu geben, die seine Zuhörer beeindrucken sollen, die aber doch seine Intelligenz übersteigen. Wie er später einmal berichtet, hat er zu seiner Seefahrerzeit sehr viel gelesen. Manches davon versucht er scheinbar in seine wirren Gedanken einzuflechten.

Über Seitengänge bringt man Onoprienko zum Gerichtssaal. Auf seinem Weg hat man einen Sicherheitskorridor gebildet, man will eine Flucht unmöglich machen.

160 Kilometer östlich von Kiew, vor dem Obersten Gericht in Zhitomir, wird der Fall Onoprienko verhandelt. Auf einem modern angelegten Platz steht der ehrfürchtig wirkende Justizpalast der Stadt, einer ehemalige Parteizentrale. Sechs riesige Steinsäulen, die bis zum 4. Stock des Gebäudes reichen, bilden den äußeren imposanten Rahmen für ein modernes und äußerst gepflegtes Gebäude.

Inzwischen stehen die Menschen Schlange vor dem großen Eingang. Man hatte an diesem Tag bis zum Eintreffen des Gefangenen alle Zugänge verschlossen. Erst jetzt gewährt man den Wartenden Einlass. Es sind vor allem alte Frauen mit ihren abgewetzten Pelzmützen, die um Einlass bitten. Schon am Eingang geben sie ihre Meinung kund: „Der Kopf gehört ihm abgeschnitten, diesem Monster."

Plötzlich herrscht Aufregung in diesem ehrwürdigem Haus. Ein gellender Schrei hallt durch die langen Flure des Gerichtsgebäudes. Nur noch wenige Meter trennen eine aufgewühlte Frau von dem Gerichtssaal, in dem sie dem Mörder ihrer Tochter und ihrer Enkelkinder gegenüberstehen wird. Sie ist einem Nervenzusammenbruch nahe. Freunde und Verwandte begleiten sie und greifen ihr unter die Arme, sie stützen sie. Sie wollen ihr Halt geben in der schwersten Stunde ihres Lebens.

Die vor dem Saal postierten Beamten erkennen die Situation, in der sich die Frau befindet. Aufopfernd versuchen sie Trost zu spenden. Sie begleiten sie zu einem der Zuhörerplätze im überfüllten Saal. Noch kann sie den Angeklagten nicht sehen. Geschickt versperren die Polizisten den Blick der Frau zu Anatolij Onoprienko, der seelenruhig in seinem Käfig sitzt. Viele der Besucher sind Stammgäste. „Wann sieht man auch schon einen Mörder dieses Kalibers", sagt eine Besucherin und fügt hinzu: „Mörder mit ein paar Morden haben wir schon immer gehabt. Aber dieses Verbrechen ist das Schlimmste, von dem ich je gehört habe."

Über 50 Morde sorgten für ein kollektives Rachegefühl unter den Bürgern. Eine Dame Mitte sechzig glaubt schon vor Beginn der Verhandlung das richtige Urteil für diesen Menschen zu kennen: „Man darf ihn auf alle Fälle nicht zum Tode verurteilen. Man sollte ihn stattdessen in eine Einzelkammer sperren, damit er völlig alleine bleibt. Dabei sollte man ihm ständig die Kinderstimmen vorspielen. Die Kinder sollten ununterbrochen weinen und immer wieder fragen: Warum tötest du uns, lieber Mann? Warum tötest du uns? Er soll ständig Kinder weinen und schreien hören."

In dem großen Saal haben hunderte von Menschen Platz genommen. Sie alle wollen Zeugen sein eines Sensationsprozesses, wie er noch nie in Zhitomir stattfand. Doch zunächst musste sich jeder der Besucher dieses Gerichtssaales einer aufwendigen Personen- und Gepäckkontrolle unterziehen. Man hatte am Eingang des Saales eine Sicherheitsschleuse aufgestellt, wie sie in den Flughäfen verwendet wird.

Unzählige Sicherheitsbeamte kontrollieren und sichern den Saal. Man hat Angst, einer der Besucher könnte diesem Ungeheuer nach dem Leben trachten. Seine Sicherheit ist oberstes Gebot.

In dem modern eingerichteten Saal, dessen Richterempore mit Mahagoni verarbeitet wurde, wird für den

Angeklagten eigens ein roter Eisenkäfig aufgestellt. Zusätzlich werden Beamte vor dem Käfig postiert.

Im Gerichtssaal reiben sich Onoprienko und die Zuhörer die Hände: Die Heizung ist ausgefallen und im Saal herrschen Minusgrade. Plötzliche Ruhe kehrt ein, als das hohe Gericht den Sitzungssaal betritt. Vier Männer und eine Frau nehmen unter der Flagge der Ukraine Platz. Sie haben nun Recht zu sprechen über einen Serienmörder, wie es in diesem Land so schnell keinen mehr gibt.

Kalt, emotionslos, mit starrem Blick – so verfolgt der Angeklagte das Geschehen im Saal. Mit gesenktem Kopf erhebt sich Onoprienko, als ob er sie nicht sehen wollte, die Menschen, die über ihn zu richten haben.

Er setzt sich und wartet mit leerem Blick darauf, dass die Anklageschrift verlesen wird. Er kennt sie, man hat sie ihn vor Prozessbeginn lesen lassen.

Mit finsterer Miene folgt er den Ausführungen des Staatsanwaltes. Immer neue Gräueltaten werden bekannt. Er nimmt seinen Kopf zwischen die Hände, als wolle er all die Gräueltaten, die er begangen hat, nicht hören. All die grauenhaften Details, wie er seine Opfer schlachtete, selbst Kinder mit der Axt zerstückelte.

Onoprienko wirkt gefasst. Der nur 1,60 m große Serienkiller antwortet auf alle Fragen des Gerichtes ruhig, ja sachlich und gelassen. Als ihn der Vorsitzende Richter Dmitrij Lipskij befragt: „Tun Ihnen die Opfer heute Leid?“, antwortet er mit einem kräftigen und resolutem Ton: „Nein. Ich war der Jäger, sie meine Beute. Wenn ihr mich nicht gefasst hättet, wären es vielleicht mehr als 300 Tote geworden. Es musste ganz einfach sein. Zuerst habe ich einen Mann und eine Frau vernichtet. Dann kamen zwei Polen an die Reihe. Etwas später erschoss ich gleich fünf Menschen auf einmal. Irgendeine Kraft hat mich dazu getrieben.“

Ein Raunen geht durch den Saal. Unter den Zuhörern befinden sich viele Angehörigen der Getöteten. Kalter Schauer läuft ihnen den Rücken hinunter, als Onoprienko weiterspricht: „Ich habe getötet wie ein Roboter. Solange man die Kraft, die mich zum Töten getrieben hat, nicht findet, kann ich auch nicht verurteilt werden. Ich war eine Geisel dieser Macht. Ich war ihr völlig ausgeliefert. Sie müssen mich als ein Naturphänomen studieren, Herr Richter."

Dieser Vorschlag Onoprienkos bleibt ohne Antwort. Der Richter fragt ihn: „Haben Sie getrunken, als Sie die Menschen töteten?"

„Nein", antwortet der Angeklagte bestimmt, „ich wollte schließlich einen klaren Kopf bei dem haben, was ich tat."

Über Monate zieht sich diese Hauptverhandlung hin. Nahezu 400 Zeugen werden gehört. Aufgrund der enormen Reisekosten für die zu ladenden Zeugen vergingen zweieinhalb Jahre, bis der Prozess eröffnet werden konnte. Das Gericht konnte die enormen Kosten dafür nicht aufbringen. Erst eine Spendenaktion des Fernsehens machte den Prozessbeginn möglich.

Der Vorsitzende Richter gibt vor laufender Kamera ein Interview. Dabei zeigt er den Journalisten die Tatwerkzeuge, die man sichergestellt hat. Aus Plastiktüten nimmt er ein riesiges Messer, einen Hammer, eine Pistole und ein abgesägtes Gewehr, dessen Griff mit gelben Plastikklebebändern überzogen ist. Dieses Gewehr ist die Tatwaffe, die Onoprienko am häufigsten benutzte. Der Vorsitzende Richter nimmt das Gewehr in die Hand und demonstriert, wie es funktioniert. Er öffnet den Verschluss, sodass die Patronenkammern sichtbar werden: „Hier steckt man die Munition hinein. Da ist der Abzug.

Alles relativ einfach zu bedienen. Nicht einmal präzise zielen muss man dabei. Er hat schließlich aus der Höhe des linken Oberschenkels geschossen. Einen Menschen trifft es auf jeden Fall, egal aus welcher Entfernung man damit schießt. Weil der Gewehrlauf abgesägt ist, entsteht bei kleiner Entfernung ein kleines Loch; je weiter die Kugel fliegt, umso größer werden die Wunden der Getroffenen."

In einem anderen Interview beschreibt er den Täter: „Sein Hauptmotiv ist Habgier. Natürlich gab es daneben auch andere Motive. Zum Beispiel wollte er ein Auto stehlen. Um sich das Klauen zu erleichtern, hat er alle Insassen umgebracht. Dann merkt er plötzlich, das eine Frau vorbeikommt. Sie könnte ihn als Zeugin identifizieren und der Polizei sein genaues Profil beschreiben. Dann würde man ihn am nächsten Tag ganz einfach fassen können. Nun tötet er die arme Frau auch. Das Motiv dabei: ein vorheriges Verbrechen zu verdecken. Aber gleich nach dem Mord an dieser Frau bemerkt er, dass sie eine Tasche dabei hat. Er nimmt die Tasche an sich. Habgier war sein vorherrschendes Motiv."

Das Gutachten

Selten blickt der Angeklagte auf. Er wirkt gelangweilt, als die vielen Zeugen zur Sache vernommen werden. Doch als der Gutachter der Psychiatrie, der Psychiater Andrej Zubera, in den Zeugenstand tritt, ist der Angeklagte hellwach. Aufmerksam und äußerst kritisch verfolgt er dessen Ausführungen.

Vor ihm steht der Psychologe, der sich seit der Verhaftung Onoprienkos mit dessen Psyche auseinander zu setzten hatte. In unzähligen, auch auf Video mitgeschnittenen Gesprächen und Sitzungen versuchte er die Psyche dieses Menschen zu ergründen.

In seinem grauen Sakko mit schwarzem Hemd und silberfarbener Krawatte macht dieser circa 45-jährige Psychiater einen äußerst seriösen Eindruck. Anatolij Onoprienko würdigt er keines Blickes. Sein Blick drückt Verachtung aus, wenn er über die Seele dieses Menschen spricht. Onoprienko kann sie förmlich spüren, die Gedanken dieses Mannes.

Sichtlich nervös versucht er seine Meinung über die Psyche dieses Serienkillers darzustellen. Er berichtet, dass die Sitzungen mit Onoprienko sich über unzählige Tage hinzogen. Er erwähnt, dass sein Klient wohl in die Kategorie der psychopathischen Sadisten einzuordnen sei, aber er seine Taten in vollem geistigen Bewusstsein ausgeführt habe.

Er spielt dem Gericht ein Video von einer dieser Sitzungen vor. Von mehreren Beamten bewacht, gibt sich Onoprienko kurz nach seiner Verhaftung mehr als selbstsicher. Er erzählt dem Psychiater freimütig: „Als ich eine Frau erschlagen habe und sie war sicher tot, habe ich sie benutzt. Ich habe dabei genauso eine Selbstanalyse gemacht wie jetzt in diesem Gespräch. Das war sehr außergewöhnlich, wenn ich daran zurückdenke. Ich war nicht betrunken, ich war ganz o.k. im Kopf. Ich bin ein Mensch, ja sogar ein Supermensch, habe ich dabei gedacht. Ich habe mich dabei selbst von der Seite beobachtet und fand es ganz interessant, wirklich außergewöhnlich."

Der Psychiater erzählt: „Der Angeklagte behauptete, er habe sich mit Adolf Hitler getroffen. Und Hitler hätte ihm vorgeschlagen, den Dritten Weltkrieg zu beginnen. Ich sagte ihm, er würde wohl ein wenig übertreiben.

Aber er meinte, sie hätten sich im Universum getroffen. Er reagiert also völlig normal und ganz gesund.“ Wie immer Herr Zubera dies auch meinen mag.

Der in der Ukraine sehr geachtete Psychologe kommt in seinem Gutachten über Onoprienko zu einem erstaunlichen Ergebnis: „Auch wenn der Angeklagte wirr erscheint und nicht wie von dieser Welt – der Serienmörder Onoprienko ist geistig völlig gesund und deshalb für seine Taten voll verantwortlich und voll schuldfähig.“

Ein weiterer Psychiater, der die Hauptverhandlung verfolgte, schüttelt unverständlich den Kopf über die seiner Meinung nach falsche Beurteilung des Häftlings durch seinen Kollegen. Er gibt seine Ansicht über den Geisteszustand des Angeklagten gerne wieder: „Anatolij Onoprienko ist ein extrem triebgestörter Mensch. Wie die meisten Serientäter hat auch er eine gespaltene Persönlichkeit. Meist waren es finanzielle Sorgen und Überlebensängste, die den Angeklagten in seine schwere Krise gestürzt haben. Seine Tötungsfantasien wurden dadurch hervorgerufen. Hass auf alle intakten Familien trug dazu bei. Denn ein intaktes Familienleben durfte er selbst nie erleben. Sein Verlangen nach Wohlstand, den er nicht erreichen konnte, entlud sich in monströsen Taten. Ich halte ihn für vermindert zurechnungsfähig und schuldunfähig. Sein zukünftiges Leben kann nur in einer psychiatrischen Anstalt enden, nicht in einem Gefängnis.“

Anatolij Onoprienko, der geschickte Scharlatan Satans, hatte sein Ziel erreicht. Es war ihm geglückt, selbst die gelehrten Professoren in zwei Lager zu teilen. So war es ihm gelungen, Richter, Staatsanwalt und Verteidiger – allesamt psychiatrische Laien – in die höchst problematische rechtliche Situation zu bringen, darüber entscheiden zu müssen, ob er für seine Verbrechen zur Verantwortung gezogen werden kann oder nicht. Für das Gericht galt es nun darüber zu befinden, der populistischen Forderung zu entsprechen und die Todesstrafe zu verhängen oder den Angeklagten für schuldunfähig zu erklären und somit für den Rest seines Lebens in eine psychiatrische Anstalt einzuweisen. Denn letztendlich werden die rechtlichen Entscheidungen allein vom Gericht getroffen und nicht von den Psychiatern. Dass ihre Gutachten dazu beitragen, dass sie in höchstem Maße zur Entscheidungsfindung beitragen, dafür wollen sie nach der Verurteilung meist nicht mehr zur Verantwortung gezogen werden.

Fassungslos ist man, wenn man sieht, wie Psychiater die Bedeutung ihrer Gutachten nach dem Prozess herunterzuspielen versuchen. Dabei wissen sie sehr genau, dass ihre Einschätzung des Täters jedes Urteil stützt, natürlich auch, wenn es um Leben und Tod für den Angeklagten geht. In den Urteilsbegründungen der Gerichte ist dann zu lesen: „... ist das Gericht unter Berufung auf das Gutachten des Herrn Professor Doktor ... zur Erkenntnis gekommen, dass der Angeklagte für seine Schuld voll (bzw. nicht) verantwortlich ist.“ Doch bei einer Fehleinschätzung eines zu Verurteilenden ziehen sich die Gelehrten auf die „alleinige“ Rechtsprechung durch das Gericht zurück.

Das Urteil

Es ist ein bitterkalter Tag. Die Bewohner der Stadt Zhitomir sind in heller Aufregung. Die fast tägliche Berichterstattung der Presse und des Fernsehens haben dafür gesorgt, dass sich eine riesige Menschenmenge vor dem imposanten Gerichtsgebäude der Stadt versammelt hat. Die Öffentlichkeit ist erschüttert. Die Schreckensbilder der Zeitungen, die Bilder der getöteten Männer, der geschändeten Frauen und erschlagenen Kinder lassen sich nicht aus dem Gedächtnis verdrängen. Jedes Detail, das über die Taten bekannt wurde, hat den unglaublichen Hass der Bevölkerung weiter genährt.

„Der Tag der Gerechtigkeit", wie ihn die Medien titulierten, war gekommen. Wie zu einem Jahrmarkt sind die Menschen angereist. Der beeindruckende, große Platz vor dem Gerichtsgebäude füllt sich immer mehr. Eine nicht zu übersehende Menge an Sicherheitsbeamten mischt sich unter die Wartenden. Ein riesiges Militäraufgebot bewacht den Eingang zum Gerichtsgebäude.

Junge und alte Bürger des Landes wollen ihn noch einmal sehen, den selbst ernannten Henker der Ukraine. Sie wollen ihm in die Augen sehen, wenn das Urteil, das für sie längst feststeht, verkündet wird.

Eine alte Frau steht abseits der Menschenmenge völlig allein und beobachtet die Szenerie. Ihre Blicke eilen zu den wütenden Menschen. Sie hat vier ihrer Angehörigen verloren, darunter zwei kleine Kinder, bestialisch getötet von Anatolij Onoprienko. Langsam zwängt sie sich durch die aufgebrachte Menge. Niemand versperrt ihr den Weg. Nur noch wenige Meter trennen sie von dem gläsernen Portal.

In diesem Augenblick erhalten die Sicherheitsbeamten am Eingang den Befehl, die wartende Menge in jeweils kleinen Gruppen von acht Personen einzulassen. Wildes Gedränge beherrscht die Szene. Jeder der Wartenden hofft, Einlass zu finden. Längst haben sie feststellen können, dass der Platz in dem zur Attraktion gewordenen Sitzungssaal niemals ausreichen wird. Doch die Beamten haben die Situation im Griff.

Die kleinen Gruppen betreten ehrfurchtsvoll den großen, doch schlicht eingerichteten Sitzungssaal. Die Fahne der Nation hinter dem Richtertisch ist die einzige Dekoration in diesem Raum. Zunächst muss die Menschenansammlung wie an jedem Verhandlungstag eine Sicherheitsschleuse passieren. Wie auf einem Flughafen werden sie durchleuchtet. Jedes Gepäckstück wird nach Waffen durchsucht.

Eilig suchen die Besucher nach den besten Plätzen. Alle wollen sie so nah wie möglich an dem eigens für diesen Prozess errichteten Stahlkäfig Platz finden. Allmählich füllt sich der Saal. Ein Geraune und Getuschel beherrscht den Gerichtssaal. Viele, die den Käfig betrachten, bekreuzigen sich. Doch noch ist er leer.

Der Sitzungssaal ist inzwischen bis zum Bersten gefüllt. Unruhig warten die Zuhörer auf das Erscheinen des Angeklagten. Doch zunächst betreten der Staatsanwalt und die Verteidigung Onoprienkos, in würdevoller Robe gekleidet, den Raum und nehmen an den für sie vorgesehenen Tischen Platz.

Als sich die Tür öffnet und zunächst zehn Sicherheitsbeamte den Raum hereinkommen, hält es die Zuschauer nicht mehr auf ihren Plätzen. Sie wissen, der Zeitpunkt ist gekommen. Die Beamten verteilen sich im Saal. Dann erscheinen Beamte in Zivil, auch sie nehmen Aufstellung. Man will kein Risiko eingehen.

Und dann erscheint er. Begleitet von sechs hoch

gewachsenen uniformierten Sicherheitsbeamten betritt Anatolij Onoprienko den Saal. Mit Handschellen führt man ihn zu seinem Käfig. Man öffnet die Eisentür, und die Beamten sind sichtlich froh, als sie diese wieder verschlossen haben. Onoprienko hat wie an den meisten Tagen in der fast vier Monate andauernden Gerichtsverhandlung seine bunte Strickjacke an. Auf dem Kopf trägt er seine Wollmütze. Anatolij Onoprienko macht den Eindruck eines Mannes, der so unauffällig ist wie eine graue Maus. Bedächtig nimmt er auf der Holzbank in seinem Käfig Platz. Er nimmt seinen Kopf zwischen die Hände und benimmt sich, als wäre er alleine in dem Saal. Die Zuhörer würdigt er keines Blickes. Ja, fast gelangweilt blickt er zu der Empore, wo in wenigen Minuten seine Richter Platz nehmen werden.

Ein Fernsehteam nimmt die Gelegenheit wahr, noch einmal mit Onoprienko zu sprechen. Als er die Scheinwerfer bemerkt, hebt er neugierig seinen Kopf.

Als man ihn fragt: „Anatolij, wollen Sie mit mir sprechen?“, erhellt sich sein Gesichtsausdruck deutlich

„Natürlich, warum denn nicht“, antwortet er locker und murmelt ein paar Worte, die niemand verstehen kann.

„Anatolij, ich habe akustisch nicht mitbekommen, was Sie gerade gemurmelt haben. Wie fühlen Sie sich so kurz vor dem Urteil?“, fragt man den Angeklagten.

Lässig dreht er sich um, lächelt verschmitzt und antwortet: „Ich habe mich im Gefängnis mit Aids angesteckt. Es ist passiert, als ich im Knast geduscht habe.“

Der Killer der Nation wird wieder einmal zum Schauspieler. Er weiß sehr genau, dass seine Tage gezählt sind, an denen er den Journalisten seine Rollen vorspielen kann. Gestenreich und lachend gibt er sich als Clown. Es sind nur noch Minuten bis zur Verkündung des Urteils. Und man kann in seinem Gesicht keine Anspannung erkennen. Er will den Journalisten aus aller Welt nicht vergönnen zu merken, dass ein Anatolij Onoprienko Angst hat. Er gibt sich selbstsicher, so als würde er nur eine Rolle in einem schlechten Film spielen.

Man lässt nicht locker und fragt nach: „Nein, das glaube ich nicht, hat man Sie im Gefängnis untersucht?"

Anatolij lächelt und beteuert: „Ja. Man hat bei mir einen Bluttest gemacht."

„Haben Sie eine schriftliche Bescheinigung?", will man wissen, doch man merkt Anatolij an, wie ihn diese Befragung stört. Und doch antwortet er: „Natürlich."

So fragt man nach: „Wann war das? Ist das schon lange her?"

Da hebt Onoprieko nun doch sichtlich genervt den Kopf und schaut spöttisch in die Runde. Nach einer Weile sagt er: „Lassen Sie uns woanders darüber reden. Hier gibt es so hohe Wände und ein so großes Echo."

Dabei sieht man den Schalk und das Glitzern in seinen Augen, das so viele Frauen betörte. Er gibt sich äußerst charmant. Und das an einem solchen Tag und nur wenige Minuten vor seinem Urteil, das ihn sein Leben kosten kann.

Das hohe Gericht betritt den Saal, und die am Prozess Beteiligten und die Zuhörer erheben sich von ihren Plätzen. Der Vorsitzende Richter wartet ab, bis Ruhe eingekehrt ist und beginnt – stehend, wie seine Kollegen – mit der Urteilsverkündung. Ungewöhnlich und beschwerlich für die ausländischen Berichterstatter ist, dass die Zuhörer während der ganzen Urteilsverkündung ebenfalls stehen müssen.

Nur Onoprienko nimmt wieder Platz auf seiner Bank, bekreuzigt sich und wartet gespannt auf die Ausführungen des Vorsitzenden Richters. Es ist ein Mittwoch im

März 1998, als der Richter Dimitrij Lipskij das Urteil gegen Anatolij Onoprienko verkündet.

Für die Urteilsbegründung nehmen sich die Richter viel Zeit. Während dieser gesamten Zeit haben alle Prozessteilnehmer zu stehen. Für viele der älteren Menschen eine unbeschreibliche Anstrengung. Die Verlesung muss mehrfach unterbrochen werden, da mehrere Angehörige der Opfer zusammenbrechen und aus dem Gerichtssaal gebracht werden müssen. Immer wieder vernimmt das Gericht das erschütternde Aufschluchzen von den Familienmitgliedern der Opfer.

Außergewöhnliche Täter verlangen nach einem außergewöhnlichen Urteil. Zunächst verkündet der Vorsitzende Richter die Einzelstrafen:

„Nach Artikel 215 Teil 3 des Kriminalkodexes der Ukraine: 9 Jahre Freiheitsentzug.

Nach Artikel 215 Teil 2: 4 Jahre Freiheitsentzug.

Nach den Artikeln 17 Teil 2 und Artikel 215 Teil 3: 6 Jahre Freiheitsentzug ..."

Für das Verlesen der Einzelstrafen benötigt der Vorsitzende Richter fast eine ganze Stunde. Doch die Einzelstrafen interessieren in diesem Saal niemanden. Alle warten gespannt auf die endgültige Strafzumessung für den Angeklagten Onoprienko.

Der Richter macht eine längere Pause. Er blickt zur Bank des Angeklagten, der ihn keines Blickes würdigt. Dann fährt er mit seinen Ausführungen fort, die für Aufruhr im Gerichtssaal sorgen sollten.

„Sie, Angeklagter Anatolij Onoprienko, sind eine Gefahr für die Menschen, ja für die ganze Menschheit", betont der Richter ohne Emotionen. Er will gerade mit seinen Ausführungen fortfahren, da springt der Angeklagte auf und schreit zum Richterpult: „Richtet mich doch öffentlich hin!"

Die anwesenden Sicherheitsbeamten haben Mühe, die Zuhörer in Zaum zu halten. Offensichtlich ahnt Onoprienko das Urteil. Immer wieder wiederholt er nur diesen einem Satz.

Erst als sich der Saal beruhigt hat und Onoprienko erneut auf seiner Bank Platz genommen hat, fährt das Gericht mit der Verkündung des Endurteils fort: „Aufgrund der erwähnten Artikel und laut Kriminalkodex der Ukraine hat das Gericht folgende Endscheidung getroffen: Der Bürger Anatolij Onoprienko wird zur Todesstrafe durch Erschießen verurteilt. Sein gesamtes Vermögen wird konfisziert."

Die Bürger des Landes nehmen das Urteil mit Freude an. Sie applaudieren und rufen unentwegt: „Bravo, bravo."

Sie werfen sich in die Arme ihres fremden Nachbarn, der neben ihnen steht und wie sie nur auf dieses eine Urteil gewartet hat. Ein wahrer Freudentaumel macht sich unter den Zuhörern breit. Sie alle haben nur auf ein Wort gewartet: „Tod."

Onoprienko, der Todeskandidat, blickt keine Sekunde auf. Als wolle er das Urteil nicht hören, versteckt er sein Gesicht noch immer in seinen Händen. Er hat nun offenbar Probleme, sich zu beherrschen. Er will sie nicht sehen, die Richter, die dieses Urteil gesprochen haben. Und auch nicht die, die es offensichtlich für gerecht halten.

Er wirft einen fragenden Blick zu seinem Anwalt. Doch der beachtet ihn nicht. Er erkennt, er ist allein mit diesem Urteil.

Plötzlich nestelt er an seiner Kleidung. Er wirkt nun angespannt und nervös. Schock und Entsetzen machen sich in ihm breit. Er blickt zu den Sicherheitsbeamten, die vor seinem Käfig stehen. Onoprienko hofft, diesen

Raum endlich verlassen zu können. Als er den Beamten anmerkt, dass sie keine Anstalten machen, sich zu rühren, richtet er seinen Blick zur Decke des Saales und zeichnet sich mit dem Daumen beider Hände ein Kreuz auf die Stirn.

Empörung bricht aus in den Reihen der Zuhörer. „Dieses Schwein bekreuzigt sich auch noch", hört man aus der Menge.

Da beschließt das Gericht, die Fortsetzung der Urteilsbegründung auf den nächsten Tag zu verschieben.

Ein großer, schlaksiger Beamte, der für die Rückführung Onoprienkos verantwortlich ist, geht auf ihn zu, nimmt eine seiner Hände vom Gesicht und legt ihm Handschellen an. Ohne erkenntliche Regung verlässt Onoprienko seinen Käfig.

Er blickt noch einmal in die Reihen der Zuhörer und sieht die unzähligen Fäuste, die sich ihm entgegenstrecken. Er hört die Zurufe und verzweifelten Schreie der Angehörigen der Opfer. Immer wieder rufen sie ihm zu: „Warum hast du uns das angetan?"

Noch einmal lächelt er die Zurufenden zynisch an. Da entzündet sich erneut der Zorn des Volkes. Die Polizei hat Mühe, die Zuhörer zurückzuhalten. Der Kreis um Onoprienko, bestehend aus acht Polizisten, schließt sich eng um ihn. Sie haben es plötzlich eilig, ihren Häftling aus dem Saal zu bringen. So verlässt Onoprienko mit gesenktem Haupt den Gerichtssaal.

Der Gerichtsdiener hat Mühe, den Saal zu räumen. Zu erhitzt sind die Gemüter der Menschen, und er kann sie verstehen.

Alle Zeitungen des nächsten Tages hatten nur ein Thema: das Urteil gegen Anatolij Onoprienko. Die Journalisten berichten noch einmal über seine schrecklichen

Taten. Sie beschreiben noch einmal die Gefühle der Angehörigen der Opfer, über den Schock und das Entsetzen, das entstand, als man das Ausmaß des Schreckens erkannte.

„Ich bin der Prophet des Teufels“, überschreibt eine Zeitung ihren Leitartikel. „Mit einer Botschaft, die niemand in diesem Lande vernehmen wollte“, fährt sie fort. Wen wundert, dass die Bevölkerung die Berichte über das Urteil verschlungen hat. Noch einmal waren sie hautnah dabei im blutigen Drama des Anatolij Onoprienko.

Die Zeitungen zeigen noch einmal Bilder von Onoprienko während der Urteilsverkündung. Sie setzen ihn noch einmal in Szene, wie er seine – wahrscheinlich gespielte – Gleichgültigkeit an den Tag legte. Noch einmal appellieren die Berichterstatter an den Staatspräsidenten, sein Versprechen wahr zu machen und die Todesstrafe zu vollziehen, obwohl sie in diesem Lande bereits abgeschafft wurde.

„Diesem Tier darf nicht geholfen werden“, sagt er in einem bewegten Fernsehinterview. „Der Staatspräsident bezeichnet dieses Individuum als Tier“, stellt ein Berichterstatter fest. „Und für Tiere gelten andere Regeln. Also, was hindert die Regierung daran, dieses Tier zu töten? Die Unterstützung der Bevölkerung wäre Ihnen sicher!“

Mit theatralischen Worten beginnt der Vorsitzende Richter den zweiten und letzten Tag der Urteilsverkündung. Es ist der Tag der Urteilsbegründung. Auch an diesem Tag ist der Gerichtssaal bis zum letzten Platz gefüllt. Obwohl das Urteil gesprochen worden ist, wollen viele Menschen dem Mann noch einmal in die Augen sehen, dessen Gesicht vielleicht nie mehr in der Öffentlichkeit zu sehen sein wird.

Onoprienko sitzt wie meist teilnahmslos in seinem

Käfig. Nur selten blickt er zur Richterbank. Ab und zu nickt er wohlwollend mit seinem Kopf, vor allem wenn die einzelnen Morde geschildert werden. Ansonsten ist keinerlei Reaktion bei ihm zu erkennen.

Einzeln werden die Taten vom Gericht vorgetragen, worauf man das Ergebnis der Verhandlung stützt. Kein noch so kleines Ermittlungsverfahren und keine Beweissicherung, die zu diesem Urteil führten, werden außer Acht gelassen. Man gibt sich Mühe, sehr viel Mühe, obwohl der Angeklagte alle Vorwürfe des Gerichts einräumte und geständig war bei all seinen Taten.

Das Gericht lobt die Bereitschaft des Angeklagten bei der Beweisfindung und fügt hinzu: „Es bereitete dem Verurteilten große Freude, seine schrecklichen Taten noch einmal durchleben zu können. Zu keinem Zeitpunkt zeigte er Reue oder bedauerte seine Taten.“ Dabei nickt Onoprienko zustimmend.

„Aus diesem Grunde musste in diesem speziellen Fall die Höchststrafe als angemessen erachtet werden. Für diesen Menschen konnte es nur eine Strafe geben, die Todesstrafe.“ Mit diesen Worten schließt der Richter seine Ausführungen zum Fall Onoprienko, und die Verhandlung über ihn wird wahrscheinlich für immer geschlossen bleiben.

Der Gerichtsdiener und die Sicherheitsbeamten ersuchen die Zuhörer, das Gebäude zu verlassen. Es gibt keinerlei Reaktionen mehr bei den Menschen. Nur ein Mann hebt demonstrativ, wie zu einem Zeichen über einen Sieg, Onoprienko die geballte Faust entgegen.

Es dauert nicht lange, und die Reihen des Saales lichten sich. Onoprienko sitzt noch immer auf seiner Bank. An diesem Tag soll er erst in das Gefängnis überstellt werden, wenn der Gerichtssaal völlig geräumt ist.

Auch der Gerichtsdiener ist froh, dass dieser außergewöhnlich lang dauernde Prozess zu Ende ist. Noch einmal schweift sein Blick durch die Reihen des Saales. Da bemerkt er eine alte Frau mit einem bunten Kopftuch, die wie teilnahmslos in der verbliebenen Menge steht. Er geht auf sie zu und fragt sie: „Geht es Ihnen nicht gut? Kann ich Ihnen helfen?“

„Vielen Dank, junger Mann“, und dabei lächelt sie ihn an. „Es geht mir gut, ich bin nur sehr aufgeregt. Diese Stunden waren wohl ein wenig zu viel für eine Frau in meinem Alter.“

Nach einer Weile fährt sie fort: „Aber ein wenig zufriedener bin ich doch. Ich glaube, dieser Mann hat seine gerechte Strafe erhalten.“

„Warum? Kennen Sie eines der Opfer dieses Menschen, falls man ihn überhaupt so nennen kann?“

„Ja, es ist schon einige Jahre her, da besuchte dieser Mann unser Dorf. Und unser kleines Haus. Es war furchtbar. Er tötete alles, was mir blieb und was ich liebte, denn es war mein Fleisch und mein Blut. Meine einzige Freude, meine Enkelkinder, die ich über alles liebte. Alle, ja alle sind sie jetzt tot. Nur ich alte Frau lebe noch. Warum – das frage ich mich immer – hat er nicht mich getötet?“

„Sind Sie mit diesem Urteil zufrieden?“, fragt er sie.

„Kann ich das?“

Ergriffen von dieser Antwort lässt es sich der Mann nicht nehmen, sie persönlich aus dem Gerichtsgebäude hinaus zu begleiten.

Das erste Gespräch mit ihm nach seinem Urteil

Wie man Anatolij in das Gerichtsgebäude gebracht hat, so verlässt er es auch wieder. Er ist allein mit sich und seinen Gedanken und mit einem Urteil, das seinen Tod bedeuten kann. Eskortiert von acht Sicherheitsbeamten der Miliz trottet Onoprienko teilnahmslos, nahezu apathisch wirkend, zum bereit stehenden Transportwagen. An Händen und Füßen mit schweren Eisen gefesselt versucht er Schritt zu halten. Doch es gelingt ihm nicht. Die Fußfesseln erlauben ihm nur kleine Schritte, und die Stufen des Seitenausganges sind hoch. Viel zu hoch für die nur kurzen Ketten zwischen den Fußgelenken. Onoprienko stolpert. Er fällt die letzten Stufen herab und schlägt krachend zu Boden. Die umstehenden Polizisten lachen lauthals. Wutentbrannt versucht er sich aufzurichten. Aber es gelingt ihm nicht. Einer der Beamten steht auf einer der Ketten, die seine Handgelenke fesseln und genießt die missliche Situation des Gefangenen. Erst nach Minuten erhält er die Möglichkeit, sich zu erheben. Unter dem Gelächter der Umstehenden schreitet er zum Gefängniswagen. Sichtlich erleichtert besteigt er das Fahrzeug und nimmt in einer von schweren Eisengittern umrahmten, kleinen Kabine im Inneren des Fahrzeuges Platz.

Der Henker der Ukraine sitzt stumm, beide Hände vor dem Gesicht, auf der harten Holzbank. Langsam zieht er seine geliebte Wollmütze noch tiefer in die Stirn. Dann stützt er seine Ellbogen auf die Knie. Offensichtlich möchte er nun seine Ruhe haben.

Erschreckt fährt er zusammen, als ihn ein Begleitpolizist anspricht: „Nun hast du das bekommen, was wir dir schon seit Jahren wünschen. Komm nur wieder hinter die starken Mauern des Gefängnisses; nun bist du kein Untersuchungshäftling mehr. Nun bist du ein Todeskandidat und wirst erleben, wie man mit solchen wie dir umgeht. Ich wünsche dir viel Spaß dabei und ich wünsche dir, dass das Urteil auch vollstreckt wird."

Doch Onoprienko will die Worte nicht hören und vergräbt sein Gesicht noch tiefer.

Mit Aufblendlicht fährt der alte Transporter holpernd der Polizeieskorte mit Blaulicht hinterher. Wie bei einem Staatsbesuch will man den Insassen sicher ans Ziel bringen. Die Fahrer und Beifahrer im Fond des Wagens genießen die außergewöhnliche Tour. Sie geben ihre Freude über das Urteil zum Ausdruck. Sie machen Witze über die Zukunft ihres Begleiters. Sie lachen lauthals und klatschen sich auf die Schenkel. Zum Glück kann Onoprienko auf der Ladefläche des Wagens die hämischen Sprüche über ihn nicht hören. Er wäre erschreckt über ihre Wünsche gewesen. Denn Anatolij Onoprienko weiß sehr genau, welch schwere Zeit ihn nun in der Strafanstalt erwartet und welch harter Strafvollzug auf ihn zukommt.

Die Menschen am Straßenrand bleiben stehen und blicken dem Transporter hinterher. Sie wissen nicht, wer sich in diesem Wagen befindet. Fast täglich fährt dieser graugrüne Transporter durch die Stadt, doch nie mit einer Eskorte. Man merkt schon an der Geschwindigkeit der Fahrzeuge und dem Fahrstil der Beamten, dass diese „Fracht" außergewöhnlich ist. Egal, welche Farbe die Ampeln anzeigen: Die Geschwindigkeit wird nicht verringert.

Anatolij Onoprienko kann das Geschehen auf den Straßen nicht sehen. Er sieht nur sein Gegenüber. Offensichtlich hat sich sein Gemütszustand gebessert, und er will der Menschheit durch einen Journalisten ein letztes Mal seine Weisheiten kundtun. Er beginnt mit den letzten Ausführungen, die man ihm genehmigen wird: „Ein Hund ist klüger als ein Mensch. Der liebe Gott hat ihm mehr Freiheit gegeben als einem Menschen. Es sind nur Worte, dass der Mensch der Sohn Gottes ist; in Wirklichkeit ist er eingeschränkt. Er versteht das Leben gar nicht. Ich habe das Leben auch nicht verstanden, bis ich meinen ersten Mord begangen habe. Bis dahin habe ich gelebt wie eine dumme Ziege."

Anatolij Onoprienko wirkt nachdenklich. Wieder faltet er seine Hände wie zu einem Gebet. Er schüttelt den Kopf und vergräbt ihn in seinen Händen. Nachdenklich wirkt er jetzt. Noch immer versucht er seine Gefühle zu unterdrücken. Er will ein letztes Mal demonstrieren, dass ihn das Urteil nicht beeindrucken kann. Doch er weiß auch, dass nun die letzten Minuten angebrochen sind, um der Welt noch einmal seine abstrusen Weisheiten mitzuteilen. Der Zwiespalt seiner Seele ist deutlich in seinem Gesichtsausdruck zu erkennen.

Man fragt ihn unverblümt: „Es sieht so aus, als würden Sie gleich weinen. Ist die Zeit des Nachdenkens angebrochen in Ihnen? Haben Sie noch etwas zu sagen, bevor sich die Türen zur Außenwelt und zur Öffentlichkeit für Sie für immer schließen werden?"

Sichtlich nach Fassung ringend, versucht er noch einmal seine momentane Gemütsstimmung herunterzuspielen. Seine Antwort wirkt unglaubwürdig, aber typisch für diesen Menschen: „Wieso soll ich weinen? Man muss lachen. Man muss das Leben nehmen, wie es kommt. Ich fürchte mich vor nichts, was meine Zukunft angeht."

Dabei dreht er sich ganz nahe zum Gitter seines Abteils. Er will beweisen, dass keine Tränen über seine

Wangen fließen. Dabei zeigt er bewusst ein unbewegtes Gesicht. Jedoch glaubt man zu sehen, dass unzählige trockene Tränen ganz im Verborgenen über seine Wangen laufen.

„Wird die Welt wirklich erfahren, warum ich dies alles getan habe?", fragt er nach.

„Zunächst einmal in Deutschland, das kann ich Ihnen versprechen. Sollten sich für Ihr Leben und Ihre Taten auch andere Länder auf der Welt interessieren, ganz sicherlich." Seine Antwort kommt prompt: „Sie müssen sich dafür interessieren. Mein Leben und meine Taten waren einmalig auf dieser Welt. Die ganze Welt muss darüber nachdenken, zumindest die intelligenten Menschen dieses Kosmos. Ich habe das alles doch nicht für mich getan, sondern für ihrer aller Zukunft."

Das Gespräch wird durch das Anhalten des Wagens unterbrochen. Längst hat man das Blaulicht ausgeschaltet. Die laut aufheulenden Sirenen verstummen.

Anatolij Onoprienko merkt, dass er nun wieder vor den Gefängnistoren der Strafanstalt in Zhitomir, dem Schrecken aller Kriminellen, angekommen ist. Er hört, wie sich die riesige Stahltür öffnet, der Eingang zum großen Schweigen. Noch einmal versucht er, einen Blick in die Freiheit zu erhaschen, auch wenn es nur ein Blick auf den Parkplatz vor dem Gefängnis ist. Verzweifelt versucht er, die Freiheit noch einmal in sich aufzusaugen.

Er merkt, wie der Wagen sich wieder in Bewegung setzt und bekreuzigt sich. Er vernimmt das Knirschen des Kiesbodens des Gefängnishofes. Nach nur wenigen Metern wird es ganz still.

Der Wagen hält an einem Seiteneingang des mächtigen Gefängnisbaues, der direkt zu den Sicherheitszellen führt. Sechs Beamte des Gefängnisses erwarten ihn, den Killer der Nation. Man kann in ihren Gesichtern erkennen, mit welchen Emotionen sie auf diesen Mann gewartet haben.

„Tür öffnen", befiehlt ein leitender Offizier.

Einer der Beamten betritt den Vorraum des Transporters. Grinsend blickt er Onoprienko ins Gesicht. Er öffnet die Zellentür und schreit ihn an: „Raus, Onoprienko, aber schnell! Jetzt gibt es keine Reisen mehr für Sie. Sie sind lange genug spazieren gefahren worden."

In diesem Ton hatte man in dieser Strafanstalt noch nie mit Onoprienko gesprochen. Er fährt erschrocken zusammen. Er weiß offensichtlich noch nicht, wie ihm geschieht und wie er darauf zu reagieren hat.

Er will dem Beamten etwas sagen, doch der unterbricht ihn barsch: „Sie haben lange genug geredet. Jetzt ist die Zeit angebrochen, wo nur noch wir sprechen. Haben Sie das verstanden, Onoprienko? Ab sofort gibt es keinen Menschen mehr, der sich für Ihre Weisheiten interessiert. Sie sind ab sofort ein rechtskräftig verurteilter Strafgefangener und kein Untersuchungshäftling. Nun gilt es, Ihre Strafe zu verbüßen – in aller Härte, die das Gesetz erlaubt und sonst gar nichts. Haben Sie mich verstanden, Strafgefangener Onoprienko?"

Er möchte gerne antworten, doch er kommt nicht mehr dazu. „Beide Hände nach vorne", der nächste Befehl. Onoprienko folgt den Anweisungen wortlos. Er streckt seine Hände dem Beamten entgegen und vernimmt nur noch das Klicken einer weiteren Handschelle an einem seiner Arme. Der Beamte legt sich die zweite Handfessel an und zieht ihn förmlich aus der Zelle des Wagens. Beide schreiten durch ein Spalier von Polizisten zum Zellentrakt. In Zweierreihen folgen die Polizisten diesem ungleichen Paar.

Anatolij Onoprienko nimmt alle Schikanen wortlos hin. Fast demütig trottet er neben dem Beamten her.

Beide betreten die Kleiderkammer des Hochsicherheitstraktes.

„Ausziehen, Onoprienko", der nächste ausgegebene Befehl. Dabei reißt ihm der Beamte die selbst gestrickte Mütze vom Kopf und wirft sie dem Häftling vor die Füße.

„Jetzt sind wir die Henker und nicht mehr Sie", erhält er als Begründung, und Onoprienko nimmt es wortlos zur Kenntnis.

Onoprienko steht nun völlig nackt in dem Raum.

„Ich werde Ihnen nun zeigen, dass Sie der Arsch der Nation sind", herrscht man ihn an.

Wie ein Haufen Elend steht der meist gefürchtete Mann dieses Landes in diesem Raum. Nackt, ohne eine Waffe, die ihm in der Vergangenheit so viel Selbstbewusstsein verliehen hat. Alle aufgestauten Aggressionen der Beamten aus der Zeit, als er noch Untersuchungshäftling war, scheinen sich nun über ihn zu entladen. Ihn zu demütigen ist das erklärte Ziel.

„Bücken", ein Wort, das Horror in den Ohren der Gefangenen auslöst. „Nun sehen wir mal nach, ob wir nichts Unerlaubtes versteckt haben", teilt ihm der Beamte mit und zieht sich die Gummihandschuhe über.

Onoprienko weiß, dass er nun eine erniedrigende, unangenehme Untersuchung und Schmerzen erdulden muss.

„So, und jetzt die Spezialkleidung für den ‚Herrn', lacht der Beamte nach getaner Arbeit, und streift den Handschuh von der Hand. Eigentlich eine unangenehme Arbeit für die Beamten, aber bei diesem Gefangenen muss sie dem Aufseher Freude bereitet haben. Dies ist an seinem Gesichtsausdruck deutlich zu erkennen.

Laut krachend wirft man die Spezialkleidung für Todeskanditaten auf den Tisch vor Onoprienko. Ohne ein Wort zieht er sich die Kleidung über. Er ist sich bewusst, dass keiner außer ihm in den letzten Jahren diese Kleidung tragen musste. Einer der Beamten erinnert sich: „Meist trugen die Gefangenen die Todeskleidung nur wenige Stunden. Sie wurden nach der Gerichtsverhandlung zu uns gebracht, wir legten ihnen diese Kleidung an, und sie wussten, dass sie nicht mehr lange zu leben haben. Bei uns war es nicht so, wie es in Amerika praktiziert wird. Bei uns gab es zu keiner Zeit eine Henkersmahlzeit. In unserem Lande wurde die Strafe, wenige Stunden nachdem sie ausgesprochen war, vollstreckt. Bei vielen habe ich mich gefreut, wenn ich sie zu der Stelle bringen musste, die ihren Tod bedeutete. Aber manches Mal war ich mir nicht so sicher, ob die Todesstrafe wirklich angebracht war. Doch es war mein Job, den ich zu erfüllen hatte. Ich sah in viele Gesichter, die den Tod vor Augen hatten. Einige von ihnen haben aus Eifersucht ihre eigene Frau getötet. Andere wieder versuchten in einer ausweglosen Situation eine Bank zu überfallen. Als die Miliz eintraf, schossen sie aus Angst, geschnappt zu werden, wie wild um sich und töteten unschuldige Menschen. Sie alle hatten unheimliche Furcht davor, sterben zu müssen. Sie weinten, sie flehten, sie schrien um ihr Leben, um Gnade. Und allen war klar, dass es vergeblich war. Oft waren vier bis fünf Beamte notwendig, um den Todeskandidaten zum Schießplatz zu bringen. Sie wehrten sich mit Händen und Füßen. Es kam nicht selten vor, dass sie sich durch ihre vehemente Gegenwehr gegen die Handschellen die Handgelenke brachen. Manche warfen sich immer wieder zu Boden, bis man sie mit Gewalt an den Ort ihres Sterbens brachte."

„Nun haben Sie erneut einen Todeskandidaten. Sie haben einen Menschen in Gewahrsam, an dem die

Todesstrafe vielleicht doch noch einmal vollzogen wird. Mit welchen Gefühlen würden Sie ihn auf seinem letzten Gang begleiten, wenn Sie dazu den Befehl erhalten würden?“

„Sie meinen Anatolij Onoprienko?“, fragt er erstaunt. „Ich wünsche mir von ganzem Herzen, dass unser Staatspräsident sein Wort im Falle Onoprienko durchsetzen kann. Es wird nicht leicht sein. Aber ich hoffe es sehr. Ich würde sofort meinen freien Tag opfern, um diese Bestie zu dem Ort zu bringen, an dem er seine gerechte Strafe erhält. Eigenhändig würde ich die Holzkiste, in die er nach der Exekution gelegt wird, zur Grube bringen und ihn hinunterwerfen. Mit den bloßen Händen würde ich die unschuldige Erde auf seinen Sarg schaufeln.“

„Hassen Sie diesen Menschen so sehr?“, fragt man ihn provokativ.

„Die Bilder seiner Opfer, besonders die der getöteten Kinder, konnten wir alle in den Zeitungen und in den Fernsehberichten sehen. Ich glaube, jeder, der Kinder hat und diese Bilder mit Schrecken zur Kenntnis nahm, würde genau so handeln wie ich. Für mich wäre es eine Ehre, diese Kreatur auf seinem letzten Gang zu begleiten. Dabei bin ich mir sicher, es würde mir Vergnügen bereiten, diesen Menschen sterben zu sehen. Lassen sie mich noch einmal wiederholen, ich würde mich freiwillig melden, wie die meisten meiner Kollegen.“

„Sie haben so viele mehrfache Mörder kennen gelernt. Warum hassen Sie Anatolij Onoprienko so sehr?“

„Weil er eine außergewöhnliche Bestie, ein Dämon ist und daher nicht vergleichbar ist mit all den Killern, die ich bisher erlebte. Alle Mörder, die wir bisher in diesem Hause hatten, versuchten bei uns Verständnis für ihre außergewöhnliche Lage zur Tat zu erreichen. Und diese Bestie Onoprienko rühmt sich noch seiner grauenhaften Taten. Er genießt das öffentliche Interesse, sonnt sich im Blitzlichtgewitter der Kameras und fühlt sich schon als Star. Und dem sollen Sie Essen und vielleicht eine neue Decke bringen? Glauben Sie denn, Ihnen würde das so leicht fallen?“

„Denken Sie, Ihr Staatspräsident wird die angekündigte Todesstrafe für Onoprienko durchsetzen können?“

„Ich hoffe, ja. Doch er hat es sehr schwer aufgrund der international abgeschlossenen Verträge, die eine Todesstrafe nicht zulassen. Wenn er es nicht erreicht, seinen Wunsch durchzusetzen, spielt dies für das weitere Leben Onoprienkos keine Rolle. Sie haben doch die Meinung unseres Gefängnisdirektors gehört – und der kann ich mich nur anschließen. Seine Tage sind gezählt. Und das weiß dieser kaltblütige Killer auch. Jedem der Beamten auf den Mauern und in den Wachtürmen würde es ein Vergnügen bereiten, diesen Gefangenen auf der ‚Flucht' wie einen räudigen Hund abzuknallen. Verlassen Sie sich darauf, er erhält seine gerechte Strafe.“

Onoprienko ist für die Bevölkerung der Ukraine und für die Beamten der Strafanstalt in Zhitomir ein Todeskandidat. Was die Vollstreckung der Todesstrafe angeht, wird für ihn vielleicht noch einmal eine Ausnahme gemacht. So lange bleibt er gebrandmarkt vor allen Gefangenen und Wärtern dieser Anstalt. Sie alle hassen ihn, denn er wurde durch seine monströsen Taten zum Star.

Längst haben sich die schweren Schlösser an seiner Zellentür geschlossen. Acht Quadratmeter Einsamkeit sind zu seiner Welt geworden. Tag für Tag, für immer eingesperrt in der Höhle des Alleinseins, gekleidet in dem Anzug des Todes, der ihn von allen anderen Gefangenen unterscheidet. Unentwegt ist er der unbändigen Wut der Beamten und der Gefängnisinsassen ausgeliefert. Anatolij Onoprienko ist nun Tag und Nacht allein mit seinen Gedanken. Er hat keine Gesprächspartner mehr, denen er seine Weisheiten verkünden kann. Er hat nur noch sich selbst. In sich zusammengesunken verbringt er die ersten Minuten seiner Einsamkeit. Ohne Würde verbringt er nun jede Stunde seiner Tage, die ihm noch verbleiben. Schwere, gnadenlose Riegel und Schlösser sind hinter ihm eingerastet. Wenn er Glück hat, wahrscheinlich für immer. Für den Rest seines traurigen Lebens.

Onoprienko zieht sich zurück in die Schatten der Gitter. Und auch der Journalist stellt keine Fragen mehr. Endlose Stille und ein schmerzendes Schweigen beherrschen seine karge Zelle.

Epilog

In knapp drei Jahren, so die Ermittlungen der Polizei und der Staatsanwaltschaft, ermordete der zierlich und unscheinbar wirkende Anatolij Onoprienko in der Ukraine 52 Menschen. Männer, Frauen, Greise und neun Kinder. Er wurde zum größten Serienmörder des Jahrhunderts in diesem Lande. Damit zog er mit Andrei Chikatilo gleich, dem bis dahin „fleißigsten" Serienmörder Russlands. Es ist das Ende der unheimlich kaltblütigen Karriere eines Menschen, der keine Gnade kannte.

Dieses Monster ist betrübt darüber, dass es nur 52 Menschen waren, die es tötete. Sein eigentliches Ziel hat er, wie er bekundete, „leider" nicht erreicht. 365 Tote hatten es werden sollen, so sagte er. Ein Toter für jeden Tag im Jahr. Warum er dies tat? Er, der Chirurg Satans, gibt die Antwort darauf selbst: „Ich habe mich wie ein Mediziner auf höchster Ebene gefühlt. Wie ein Arzt, der einen Menschen aufschlitzt, eine Schlange im Bauch entdeckt und dann damit beginnt, diese Schlange zu untersuchen. Ich habe mich nicht als einfacher Mörder gefühlt, sondern als Arzt. Ich war gleichzeitig Psychiater, Anästhesist und Chirurg. Ich war auch ein Forscher. Und wenn man das aus dieser Sicht betrachtet, bin ich einmalig auf der Erde. Ich verfüge über Erfahrungen, die kein Mensch auf dieser Erde bisher gemacht hat. Ich weiß ganz genau, wie sich ein Opfer in Todesangst und während des Tötens verhält. Und ich weiß vor allem, was ich selbst dabei empfinde. Das sind unglaubliche Erkenntnisse."

Der kleine unscheinbare Mann wirkt erschreckend intelligent und auf äußerst verwirrende Art und Weise klar im Kopf. Kaum zu glauben, dass Onoprienkos größte Obsession das kaltblütige Töten von unschuldigen Menschen war.

Weiter gibt er zu bedenken, wenn er von seinen Taten spricht: „Wenn ein Soldat im Krieg auf seinen Gegner schießt, sieht er nicht genau, wen er da trifft. Auch Verbrecher, die nur wenige Menschen umbringen, können sich während des Mordens nicht richtig kontrollieren. Und sie können danach keine Analyse durchführen. Da ich aber sehr viele Menschen umgebracht habe, konnte ich jeden Mord analysieren, meinen eigenen Zustand und den Zustand der Opfer vor dem Mord, währenddessen und danach ... Ich bin nicht freiwillig auf diese Erde gekommen, um so etwas zu tun. Ich habe mich nicht selbst ernannt. Ich bin hier, um eine Mission zu erfüllen. In einem Buch des russischen Schriftstellers Bulgakov gibt es einen Helden mit Namen Messias. Er war böse, und so bin ich auch. Meine Mission bestand darin, hierher zu kommen und das zu tun, was ich getan habe. Und die Menschen sollten sich damit beschäftigen."

Lange genug durfte Anatolij Onoprienko reden. Bei den Ermittlungsbeamten, in den Interviews, die er gerne gab und genoss, und in der Hauptverhandlung. Auch während der Fahrt, nach seinem Urteil, auf dem Weg zu seiner Zelle.

Doch nun gilt es für ihn, seine Strafe zu verbüßen. Er darf nicht mehr in der Öffentlichkeit philosophieren und versuchen, seine starken hypnotischen Kräfte unter Beweis zu stellen. Eine andere Welt hält Einzug in seinem Leben. Nun wird er in Einzelhaft weggesperrt, unter den schwersten Haftbedingungen, die dieses Land zu bieten hat.

Von nun an trägt er nicht mehr seine bunt gestrickte Jacke, nicht mehr seine „Henkersmütze", die zu seinem

Markenzeichen wurde. Er trägt die Kleidung eines Todeskandidaten, wie es die Strafvollzugsordnung des Landes seit Jahrzehnten vorschreibt. Zum Tode verurteilte Gefangene erhalten eine Spezialkleidung. Nicht wärmere Kleidung, die sie sich so sehnlichst wünschen, erhalten sie, sondern auffälligere. Er erhält einen blauen Anorak und eine blaue, wattierte Skihose. Längsstreifen von der Schulter bis zum Knöchel sind mit reflektierender Ölfarbe von Hand auf die Kleidung gemalt. Mit gesenkten Blick, wortlos streift er sich die unbeliebte Kleidung über. Er wirkt ängstlich, ja nachdenklich. Ihm ist nicht wohl in seiner Haut. Er weiß längst, was diese Kleidung zu bedeuten hat. Viele Menschen vor ihm haben sie nur für kurze Zeit getragen. Jeder Schritt, den er nun tut, geschieht unter der strengen Bewachung des Sicherheitspersonals, Tag und Nacht, 24 Stunden, jeden Tag. Es ist das Ende seiner unheimlichen Karriere. An Hand- und Fußschellen gefesselt, zwei Beamte an jeder Seite, bringt man ihn nach dem Umkleiden zurück zu seiner Zelle. Diese Kleidung hat Wirkung auf den selbst ernannten Philosophen. Sie führt ihn zurück auf den Weg des Nachdenkens über all das, was er den Menschen angetan hat. Schweigsam lässt er alles über sich ergehen und beschreitet stumm seinen letzten schweren Gang.

Nun erlebt er eine Strafhaft der schwersten Art. Keinen Schritt kann er mehr tun ohne Handschellen. Keinerlei menschliche Gemeinsamkeiten gibt es mehr in seinem Leben. Kein Wärter spricht mehr mit ihm ein privates Wort. Ein Gespräch mit einem Mitgefangenen? Jedem Todeskandidaten ist dies ausdrücklich untersagt!

Es ist ihm nicht gestattet, auch nur ein Bild in seiner Zelle aufzuhängen. Nackte, kahle Wände sind zu seinem Zuhause geworden. Selbst diese sind geschützt durch zusätzliche Gitterstäbe. Eng vergitterte Fenster – sie sind seine Zukunft. Leise und einsam ist sein Leben geworden.

Wer den Hochsicherheitstrakt im Staatsgefängnis dieser Stadt je betreten hat, weiß, wie das Leben hier verläuft. Für Gefangene, die die Todesstrafe erhalten haben, ist es die Hölle. In der vergangenen Zeit haben sich solche Gefangenen nur danach gesehnt, dass die Todesstrafe sie endlich erlöst von dieser grausamen Marter. Sie waren froh, als man sie auf den Gefängnishof führte und mit einem Genickschuss tötete. Der Tod trat schnell ein. Eine unvorstellbare Gnade, so empfanden sie es.

Zwischenzeitlich ist die Ukraine Mitglied des Europarates geworden und hat deshalb die Vollstreckungen von Todesurteilen ausgesetzt. Der Staatspräsident der Ukraine L. D. Kutschma plädierte dafür, im Falle Onoprienkos eine Ausnahme zu machen. Vielleicht würde man Onoprienko damit einen Gefallen erweisen.

Der Mann, der nun über den Tagesablauf des Gefangenen zu entscheiden hat, ist der Gefängnisdirektor Viktor Karbowskij. Karbowskij ist ein äußerst hart wirkender Mann und bei den Häftlingen mehr als gefürchtet. Seine Meinung im Fall Onoprienko hält er nicht zurück. In einem Interview gibt er zu verstehen (und jeder, der ihn kennt, weiß was diese Worte zu bedeuten haben): „Ich denke, selbst wenn Präsident Kutschma sich dazu entscheiden würde, ihn zu begnadigen, die Leute hier würden den Mörder nicht begnadigen. Er hat den Menschen zu viel Böses angetan. Das kann man nicht verzeihen. Er wird seine Strafe auf alle Fälle erhalten. Die Lösung findet sich schon von ganz alleine. Jemand wird es als Gottesstrafe bezeichnen ... oder es wird ganz einfach Rache sein. So oder so, er wird seiner Strafe nicht entgehen können. Nach solchen Taten kann man über Gnade überhaupt nicht reden."

Viele der Journalisten, die diesen Fall verfolgten, denken laut darüber nach, was der Gefängnisdirektor mit seinen Äußerungen sagen will. Glaubt er, ein Mitgefangener wird die Strafe vollziehen? Er wäre nicht der erste Serienmörder, der seinen Tod im Gefängnis nicht durch die Justiz erfährt. Vor allem Täter, die Kinder getötet haben, leben ständig in der Gefahr, von einem Insassen, der nichts mehr zu verlieren hat, umgebracht zu werden.

An eine Begnadigung denkt Onoprienko zunächst nicht. Eine Einsicht an die Realität eines Landes, dessen Bevölkerung nicht vergisst?

Eine erneute psychiatrische Untersuchung wurde für Onoprienko angeordnet. Sie ist inzwischen abgeschlossen, und das Ergebnis wird so unter Verschluss gehalten wie ein Staatsgeheimnis.

Nur ungern verlässt Onoprienko seine Sicherheitszelle in einem der unübersichtlichen Gänge und Sicherheitsschleusen im Gefängnis von Zhitomir. Höchstens einmal im Monat meldet er sich zum Hofgang, der ihm täglich zustehen würde. Wenn man ihn aus seiner Zelle führt, blickt er zunächst ängstlich nach links und rechts. Befinden sich keine Gefangenen auf dem Flur, folgt er den Beamten. Sieht er Häftlinge, verweigert er den Hofgang und lässt sich wieder in seine Zelle bringen, als würde er ständig an die Worte des Gefängnisdirektors denken, die der doch nie gehört hat.

Einmal im Monat betritt er den kalten, langen Gang zu dem Käfig aus Stahl im Hof des Todes. Hier dreht er seine Runden in dem zwölf Quadratmeter großen, nach allen Seiten betonierten Stück Freiheit. Über ihm befindet sich ein aus Eisen geflochtenes Gitter.

Den Kopf stets gesenkt, die Hände auf dem Rücken, dreht er seine einsamen Kreise. Selbst über dem Käfig befindet sich ein Wachbeamter mit einer Kalaschnikow AK 47, einem Schnellfeuergewehr, und beobachtet jeden Schritt des Todeskandidaten. Niemand weiß, was er denkt und fühlt. Längst hat er erfahren, dass gerade dieser Käfig als Hinrichtungsstätte für Todeskandidaten diente.

Die Menschen in der Ukraine waren geschockt. Das ganze Land trauerte, musste hilflos mit ansehen, zu was ein einziger Mensch fähig war. Hilflos und trauernd dem Geschehen ausgeliefert, bleiben die Angehörigen der Opfer zurück. Sie stehen schweigsam an den Gräbern ihrer Lieben. Bei der Beerdigung ihrer Angehörigen zitterte ihr Körper vor Schmerz. Ihre versteinerten Gesichter werden sich nie mehr erhellen. Längst hat sich die Wut dieser Menschen der Hilflosigkeit ergeben. Ohnmächtig vor Trauer benetzen ihre endlos fließenden Tränen die frische Grabeserde. Die Kinder lächeln dem Betrachter nur noch von Bildern der Grabsteine entgegen.

Die Totenglocken in der Ukraine läuten leise im ganzen Land. Denn der „Henker seiner eigenen Seele", er lebt noch immer. Er schrieb eine Symphonie des Schreckens, die im ganzen Lande zu hören war. Er hat sich bis zum Exzess ergötzt an den hellen Tönen der Schreie, der Angst seiner unschuldigen Opfer. Dieses Scheusal kannte keine Gnade und schreckte selbst vor Kleinkindern nicht zurück, raubte ihnen ihr unbeschwertes Lachen.

Dabei denkt man an die Worte der älteren Dame im Gerichtssaal, die davon überzeugt war, das richtige Urteil für diesen Menschen zu kennen: „Man darf ihn auf alle Fälle nicht zum Tode verurteilen. Man sollte ihn stattdessen in eine Einzelzelle sperren, damit er völlig alleine bleibt. Dabei sollte man ihm ständig die Kinderstimmen vorspielen. Die Kinder sollten ununterbrochen weinen und immer wieder fragen: ‚Warum tötest du uns? Warum tötest du uns?' Ständig soll er die Kinder weinen und schreien hören."

Anatolij Onoprienko hat Angst, wie noch nie in seinem Leben. Seine Augen flackern, seine schmalen Lippen werden zu einem Strich, wenn er den Platz des Todes betritt. Seine Blicke gelten den Gewehren des Wachpersonals, die auf ihn gerichtet sind. Er kann sie nicht genießen, die wenigen Minuten der Freiheit. Zu sehr schweifen seine Gedanken ab, denkt er an seine Zukunft. Die wenigen Runden in dem von Mauern umgebenen Hof verbreiten auch im Innern eines Serienmörders nur Angst. Jeder Schritt der kleinen Freiheit wird zur Tortur, zum Glücksspiel mit dem Tod. Nie kann er sich sicher sein, dass er den nächsten Schritt überlebt.

Glaubt man den Kennern dieser Anstalt und den Gepflogenheiten dieses Hauses, erahnt man das Ende dieses Monsters. Niemand wird ihm helfen, wenn bei einer „Flucht" eine Kugel sein Leben beendet. Für ihn wird das Leben eine Gratwanderung zwischen Normalität und Wahnsinn bleiben.

Anatolij Onoprienko wird während des Hofganges weiter seine einsamen Runden drehen. Die Folgen seiner Gräueltaten hat er nun zu tragen. Er kann weiter durch die zerschlissenen Fenster seiner Seele blicken, die doch nur die Fratzen des Todes offenbaren.

Sparkasse Gera-Greiz

Empfängername:	fleischer andreas
Empfängerkonto:	7601948
Bankleitzahl:	83050000 SPK GERA-GREIZ
Betrag (EUR,Ct):	240,59
Verwendungszweck:	mietnachzahlung 2003 abzügl
Verwendungszweck:	ich kappsäge
Auftraggeber:	Dana Klopp

Auftraggeberkonto: 6819788

Ihre Überweisung haben wir am 01.06.2004
um 15:45:00 Uhr erhalten. Sie wird zum nächstmöglichen
Termin ausgeführt.

Sparkasse Gera-Greiz

83050000 F3390243 83050000 6819788 8